世界昆虫神話

篠田知和基

蝶とイトトンボの結婚式
（J. J. グランヴィル『動物の私的・公的生活』より、1842 年）

世界昆虫神話

篠田知和基

八坂書房

［扉の図］
三匹の蜂をあしらったローマ教皇ウルバヌス８世の紋章（サンタ・マリア・マッダレーナ・デ・パッツィ教会、フィレンツェ）

白と深紅のその蝶は
野の奥深くへと吹かれていった
夢見心地で先へ歩いてゆくと
天国からもたらされたような
静かな輝きが心に残った

ヘルマン・ヘッセ
『蝶』

*

蟻のところへゆき、そのすることを見て、知恵を得よ。
『旧約聖書』「箴言」第６章６節

❖『世界昆虫神話』目次

四、日本の文学 140

ヘラクレスという名のカブトムシ
（J. J. グランヴィル画）

はじめに

『世界動物神話』、『世界植物神話』、『世界鳥類神話』につづいて、『世界昆虫神話』をまとめる。『世界昆虫神話』としたが、本書には蜘蛛やサソリや空想の王蟲《オーム》（宮崎駿『風の谷のナウシカ』）といった昆虫外の「虫」も入る。「虫の居所が悪い」だの「虫がすかない」などという「虫」もいる。むかしは蛇も「長虫」といった。もちろん蛇はべつにしても、蜘蛛やサソリを入れても「昆虫」といっている例としてはファーブルの『昆虫記』がある。[01] 一応、三節、六本足の昆虫を基本にして、もっと足の多い虫も入れる。世界の神話でももっとも劇的な虫への変身はアラクネのそれであろう。織物の腕をアテナ女神と競った女は蜘蛛になったのである。また、文学の世界での「変身」といえば、カフカのグレゴール・ザムザはいったい何虫に変身したのだろうか。「とてつもない毒虫」といわれるが、はたして昆虫のジャンルに入りうるかどうか。答えはここではしばらく留保しておこう。怪獣映画のモスラも、その巨大な寸法からして昆虫の概念を超えているだろう。[02]

ここでは昆虫としても、益虫、害虫、鳴く虫、美しい虫なども、一部を除きあえて分類しなかった。蝶のたぐいは野菜や果樹を食害する幼虫は害虫だが、蝶になれば美しい。ゴキブリなどは見るもおぞましいという人もいるが、よく見れば美しいという人もいる。[03] 鳴く虫の声も耳障りだという人もいる。[04] 蜂アレルギーの人もいる。[05] どの虫がよくて、どれが悪いか一概には決められない。蚤や蚊も含めてみな生きとし生けるものであり、それぞれに自然のなかに位置を占めている。多くは微小な存在で、大きくとも十センチを超えるものは少ない。地中に長くいる蟬でも十数年であり、地上に出てからは数日の命である。昆虫は体軀は短小であり寿命は短命である。しかし、羽があって海を越えるものもいるし、数万の群れをなして森も畑も食い尽くすものもいる。昆虫の種の数は百万をはるかに超えるといい、[06] 個体数は数え切れない。地球は虫の惑星なのである。このすべてについて通暁する人はいない。

　それに日本の古典では松虫というのは鈴虫のことであり、コオロギはキリギリスだという。イソップの「蟻とキリギリス」はもとは「蟻と蟬」だし、聖書で「イナゴ」というのは「バッタ」のことだという。[07] 家のなかにいる「油虫」はゴキブリで、木につくアブラムシはアリマキともいう。蟻地獄にいるのはウスバカゲロウで、蜉蝣《かげろう》は蜻蛉と書かれることもあるなどという。昆虫は種類が多いので、その分類も生態も複雑である。神話や文学は想像上の種《しゅ》をつくりだして問題をさらに紛糾させる。ここでも昆虫のほかに蜘蛛、サソリ、百足を含めて、物語の虫の世界をたどったが、科学的分類には従わなかった。虫の世界は、筆者のように文学研究から始めて、神話に入ったものには、シガノス（後述）の言うように「魅惑」ではあっても、謎に富んだ未知の領域であり、専門的な知識には乏しい。虫の専門家には疑問とされるところが多々あろうかと思う。大方の叱正を乞いたい。

I　神話のなかの虫

スカラベの頭部を持つ男性の姿であらわされた太陽の神ケプリ（王妃の谷、ネフェルトアリ王妃墓の壁画）

神話ではスカラベ、蜜蜂、蚤《のみ》、虱《しらみ》（オオナムチがスサノオの髪の虱をとる）、蝶がいる。しかし神として信仰された虫は多くはない。エジプトのスカラベがケプリと同一視されたのと、日本で、ある種の蝶の幼虫が常世神《とこよのかみ》として信仰されたくらいであろう。

　神話学者ジョゼフ・キャンベルは、ジョナサン牧師の言葉を引用する。[01]「神はひどく腹を立て、きみたちを忌み嫌い、あたかも蜘蛛や呪わしい虫けらを火にかざすごとくに、きみたちを地獄の淵に吊り下げる」（『千の顔を持つ英雄』）。また、ピーター・ミルワードはシェイクスピア『リア王』より次の言葉を引いている。「いたずら坊主がハエやトンボを殺すように、神々は我々人間を面白半分殺すのだ」（『ミルワード氏の昆虫記』）。

　「呪わしい虫けら」が、人によっては「愛しい虫けら」にもなる。蝶の収集家は、ふつうなら厭わしい芋虫をいとも愛しい生きもののように愛撫する。芋虫のなかには変態の奇跡が隠されている。しかし可能性ではなく現在をしか見ないものにとっては「呪わしい虫けら」は地獄の火に投ずるのがふさわしい。

　虫の神話は変態の神話である。そこには人間と「自然との深い関係」（フランスの思想家ルナンの言葉、[02]ブリュネル『変身の神話』より）がある。「人間」このおぞましい欲望のかたまりのなかに、未来の光輝ある存在への変態の可能性をうかがうものは、変態前の虫にも優美な蝶の高貴さを予想する。芋虫が華麗な蝶になるなら、人間、この不器用な二足獣も死後の世界では優美な鱗翅目《りんしもく》となって羽ばたくかもしれない。

一、エジプト

　スカラベは太陽を押して天空を渡る太陽神として崇拝された。牛神アピスのように名前を与えられた神ではないが、日の出をあらわしたレリーフなどでは太陽祭祀であるヒヒの群れが手を打ちたたいて迎えるなか、山の上に赤い日輪を押し上げる姿であらわされる。これは朝日の神ケプリの象徴であるとともに、ケプリそのものでもある（ケプリそのもののときは、翼を広げたスカラベで表わされる）。昼の太陽はラー（あるいはホルスと習合した形ではホラクティ）、夕方の太陽はアトゥム。東西の地平線をあらわす二頭のライオンに囲まれた太陽が描かれることもある。いずれもヘリオポリス（現在のカイロ近郊）で崇拝されていた神々である。なお、古代エジプトではスカラベはすべて雄で、単性生殖をするものとされていた。

「スカラベが変態をおえてふたたび地上に現れるのは、土壌を肥沃にするナイル川の氾濫の時期と重なる。エジプトの神官たちは好んでスカラベ・サクレを寓意を用いた予言の手段として用い、エジプト式占星術の神話大系のなかに繰り入れた」（『人類の未来を告知するスカラベ』、J＝P・リュマレ『昆虫記』より）。

スカラベは和名フンコロガシ、あるいは聖《ひじり》タ

生まれたばかりの太陽とスカラベを乗せた舟を海中から地平線へと持ち上げるヌン神（アンハイのパピルス、大英博物館蔵）

マオシコガネだが、この虫が朝日の神、ケプリをあらわすのである。ケプリは、フンコロガシが日輪をあらわした糞玉を山の上へ押し上げている図で示される。それを手をたたいて喜び迎える猿たちは太陽司祭であり、トートの分身たちである。[8] その後の太陽はホルスによって隼としてあらわされ、スカラベは朝日の側にとどまる。夜の太陽もスカラベの姿で太陽の舟に乗っていることもある。昆虫は多く人間生活にとって必要な穀物や野菜、あるいは衣類などを食害するが、スカラベは牛などの糞を食べるだけで、掃除屋ではあっても有害ではない。その意味でもエジプトでスカラベが崇拝されているのは故なしとはしない。スカラベを彫った石がアクセサリーやお守りとして売られている。

　太陽に関係する神では冥界の太陽というオシリスは蛹の姿であらわされる。いずれ羽化する冥界の王なのである。それ以上に彼はいったん死んで棺に入れられた死者であり、ミイラになって復活した復活神である。弟のセトが彼の死を願って、不吉なたくらみを用意した宴会に彼を招いた。そこには豪華な棺が置かれていて、だれでもそこにぴったり入ったものに、それを進呈するという趣向だった。宴会に招かれた客はだれもがためしてみたが、棺にぴったりはまるものはいなかった。エジプトの棺は人型の棺で、死者の身体に合わせてつくられる。肩幅もウエストも足の長さもオーダーメイドの洋服のように、正確な寸法を計っていなければ合わないのである。最後にオシリスがためしてみるとぴたりと合った。あらかじめオシリスの身体を計って、その寸法

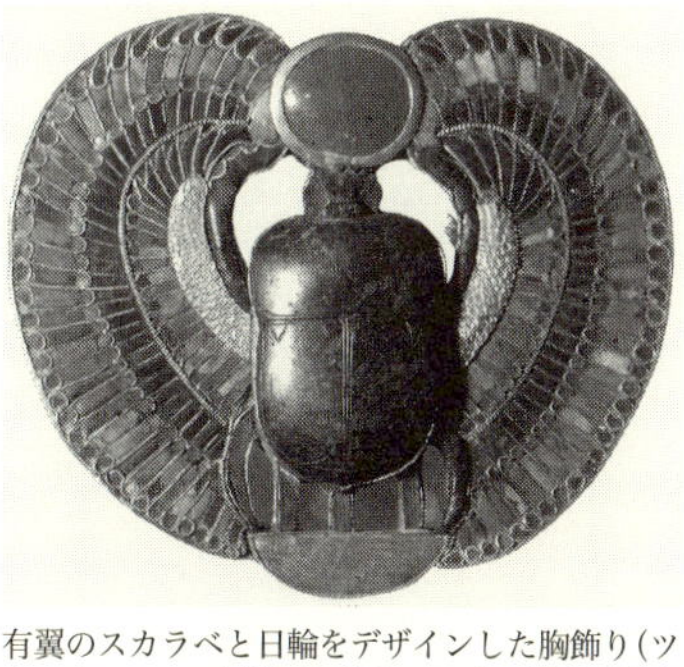

有翼のスカラベと日輪をデザインした胸飾り（ツタンカーメン王墓から発見、カイロ博物館蔵）

ヒヒと共に太陽の舟に乗るスカラベ（ツタンカーメン王墓から発見、カイロ博物館蔵）

どおりにつくってあったからである。おそらくだれよりも偉大な体躯をしていたのではないだろうか。

いずれにしても棺にぴたりと入ったことを見届けたセトは棺の蓋を閉め、密閉した。そしてそれをナイルに流したのである。棺は地中海に出てフェニキアのビブロスへ流れついた。そしてそこの岸辺に生えていたタマリンドの木の幹に包みこまれてしまった。アンコールワットへゆくと、ガジュマルの根が神殿などを包みこんでいるのを見かけるが、タマリンドもそれに近い性格をもっているのかもしれない。それまで何年かかったかわからないが、神話的な年月が流れていたにちがいない。あるときその地の王が、岸辺のタマリンドを見て、それを切らせて王宮の柱にした。日本の家屋の床柱のように、形のおもしろい木を飾り柱にする風習があったのだろう。亡き夫をさがすイシスがそこへやってきて、愛する夫が王宮の柱に閉じ込められているのをつきとめた。魔術に通じたイシスには透視力があるのである。そこで、その柱をもらい受けてナイルに戻ってきて、棺を開けて、再生の秘儀にとりかかった。そして魔法の草でも採りに行ったか、一時、その場をはずしたそのすきに、一部始終を見ていたセトがすばやく棺をうばいとり、二度と復活しないように、遺体を十四に切り分け、エジプト全土にばらまいた。その一部はまたナイルに流したものもあった。そのなかには男根もあった。ナイルの魚がそれを呑み込んでしまったのである。その魚がその後どうなったのか、魚版のオシリスを生み落とした可能性も考えられるが、「死者の書」はそれについては語らない。イシスは切り刻まれたオシリスの遺体を拾い集めて復元した。男根だけがなかった。そこで、粘土をこねて死体の股間に植えつけて男根にした。そしてそうやって復元された遺体の上

ミイラの姿であらわされたオシリス神（フネフェルのパピルス、大英博物館蔵）

で、隼の姿になってはばたいた。空中にとまってはばたく、ホバリングをしたのである。すると鉛色のからだに血の色がよみがえってきて、男根も隆々とそびえたった。そこで、もとの女神の姿に戻ると、寝ているオシリスの上におおいかぶさって交接してホルスをみごもった。

そのプロセスのあいだに、この物語を描いたパピルスによっては、葬儀とミイラづくりを司る犬神アヌビスが遺体を処理する場面が挿入される。死体が復活するにはイシスが魔力をふるうだけではなく、アヌビスの技、すなわちミイラ化の作業が必要と思われたのだろう。切り刻まれた体を拾い集めてひとつにしたあと、アヌビスが包帯を巻いてミイラにしたのである。これがまさに蛹である。その状態でまたどれだけの年月が経ったか知らない。神話の長い時間が経過したのだろう。蛹が羽化するときがきたのである。かくてオシリスはほかの神々のように動物の姿であらわされることがないかわりに、蛹のようなミイラとしてあらわされることになったのである。[04]

メネス王の墓の銘に王がスズメバチによって刺されて死んだことが記されている。

メキシコで夜の黒太陽を蝶であらわすのもエジプトと同じ考えによるのかもしれない。中央アジアではイラン文化の影響で、死者が蛾であらわされる。

ギリシャでは魂を蝶であらわす。アステカでも死者の魂は蝶になって口から飛び立つと信じられた（『ラルース象徴事典』）。

日本でも亡者の魂は蝶になると思われていた。アゲハのたぐいは「人間が後ろ手にしばられた格好」で蛹になって枝にぶらさがる。それが『播州皿屋敷』のお菊の亡霊に見立てられて「お菊虫」と呼ばれると、小西はいう（『虫の文化誌』）。また近江の国にいた浄元という悪僧が打ち首になったあと、「人間の顔をして後ろ手にしばられた虫」がたくさんあらわれ、人はこれを浄元虫と呼んだともいう。小西はもう少し先では、中国でもこのアゲハの蛹を「首をくくって自殺した女性の姿に見立てて『縊女』と呼んでいた」という。この蛹が羽化してみごとな蝶になると呪われた亡魂が浄化して昇天するとみたのかもしれない。死んだとたんに蝶になるのと、死んで蛹になってそのあとで蝶になるのでは、死者が浄化される時間が違い、呪われた亡魂は蛹の期間を必要としたのだろうか[05]。

しかし黄蝶が群飛すると戦乱の兆しとされた（同前）というので、吉凶は循環していたのかもしれない。激しい戦闘のあった戦場に春になると花々が咲き乱れるのは、死者たちの血をすって草花が咲き出るのだとみられただろう。そこへ蝶が飛んできて蜜を吸う。その蜜は血の味がしたかもしれない。その蝶が何事もない草原に群れをなして飛んでくるのが、やがて来る戦乱の前兆であるとすれば、前兆とはまさに凶事を先取りしてあらわすものであって、戦乱と花と蝶とが、めぐる因果の小車をあらわしてもいるにちがいない。

なおアゲハの幼虫は「ものにおどろくと頭の後ろから角をだして悪臭を放つ」（同前）。それでこの虫は「一番の嫌われものらしい」といわれるが、この「悪臭」は柑橘類の匂いであり、強烈な匂いにはちがいないが、悪臭とばかりもいわれない匂いである。しかし鳥に対しては忌避材の働きをするらしく、我が家で育てていたレモンの幼樹をこの幼虫が丸裸にしているのに、その幼虫を鳥がついばむのを見たことがない。なお、幼樹にたかっているときと、大きく育った木についたときではこの虫の匂いが違うらしく、幼樹が丸裸にされるあいだ、大木のミカンの木にはこの虫を見ないのは、鳥に食べられるからか、虫のほうで、幼樹のやわらかい葉を好んで、大木の硬い葉を敬遠するからかどちらかはわからない。

サソリを頭上に載せた女性像で表現されたセルケト女神（王妃の谷、ネフェルトアリ王妃墓の壁画）

神話の虫は往々にして善悪両義性をもっている。エジプトの女神セルケトもそのひとつで、サソリであらわされるが、コブラであらわされるイシスなどと性格を共有する。[90] 魔術師であるとともに治療師である。セルケトはこの世ではあらゆる動物の咬み傷を癒す神だが、あの世では死者を見守ってくれる。またイシス、ネフティス、ネイトとともに、四つのカノペス壺を守っている。そのなかにミイラになった人間の内臓が入れられているのである。オシリス神話では若いホルスを守る役割をするが、彼女の眷属のサソリがホルスを刺すのを妨げられなかった。しかしサソリの毒はイシスとトートが、魔術で無害にした。女神の神官たちは魔術師および医術師として尊崇されていた。

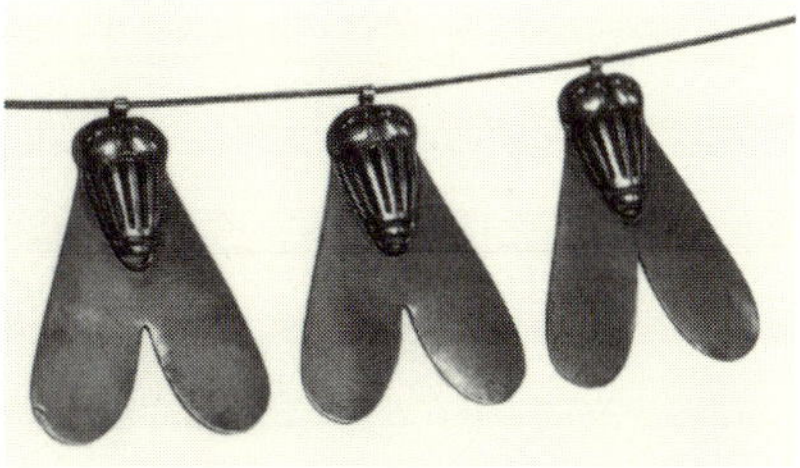
エジプト新王国・第18王朝時代（前1550～前1292年頃）に、戦場で武勲を立てた人物に贈られたとされる「黄金のハエ」のペンダント（王妃イアフヘテプの副葬品　カイロ博物館蔵）

セルケトは女性の頭をしたサソリであらわされた。またホルスの妻とされるタビチェトもサソリ女神である。

エジプトではスカラベが生の象徴、サソリが死の象徴。ただしサソリ女神はサソリに刺されたときに祈れば治してくれる。また死者の安全を護る。

二、ギリシャ

イーオーとアブ

ヘラに仕える巫女イーオー（イオ）はゼウスに愛された

コレッジョ《イーオーとゼウス》（1531年頃、ウィーン美術史美術館蔵）

が、ヘラはゼウスの正妻で、嫉妬深いので有名だった。イーオーはそのヘラの迫害をのがれるために牝牛になった。[07] しかしヘラはそれを見破ってアブを送って、イーオーを苦しめた。さらにイーオーを監視するために百の目をもつアルゴスを送った。この怪物はヘルメスによって退治されたが、アブの攻撃はやまなかった。イーオーはアブをのがれてエジプトにまでたどりついた。[08] その地の大女神イシスとは、彼女が人間の姿に戻ったあとのあらわれであるという。また、彼女とゼウスのあいだの子、エパポスは牛神アピスになった。[09]

イーオーを救うため、音楽を奏でてアルゴスの注意をそらすヘルメス（ピントゥリッキオ画、ヴァチカン美術館蔵）

蟻の島

ゼウスは川神アソポスの娘アイギーナをみそめ、アルゴリスの沖合の島にさらってしまう。アイギーナはそこでアイアコスを産み、その子を置き去りにして島を去る。ヘラが島民を全滅させる。アイアコスは難をのがれ、島にまた人が住むようにしてもらう。ゼウスは、蟻《ミュルメクス》を人間に変え、島に住まわせた。以来、島はアイギーナ島、住民はミュルミドン人と呼ばれる。トロイアではアキレウスがミュルミドン人をひきいて戦う。アキレウスはアイアコスの孫にあたる（ファーブル『昆虫記』奥本大三郎による訳注より）。

　ヘラが島民を全滅させたのは疫病を送ったからであった。人っ子ひとりいなくなった島で、ドドナの神木の種から育った樫の木に無数の蟻がむらがって穀物を運んでいた。それを見たアイアコスがゼウスに祈って、蟻のように

アイアコスの願いを聞き入れ、蟻を人間に変身させるゼウス（ウィルギリウス・ソリス画『オウィディウスの変身物語』より、1581 年）

大勢の島民をよこしてくれるように頼んだのである。すると風がおこって樫の木をふるわせ、蟻の群れが地に落ち、やがて、姿が大きくなってみな人間になっていたのである。(オウィディウスによる)[10]。

プシュケとクピドの物語

美しい娘プシュケは神託によって、恐ろしい怪物にいけにえにされることになり、山の上の祭壇にねかされていたが、西風ゼピュロスがそよそよと吹いてきて、壮麗な館に運んでいった[11]。そこで、夜だけやってくる姿の見えない精霊を迎えるのである。その精霊の姿を見ようとしてはならなかった。しかし、彼女は見てしまう。それは美しい愛の神クピド（エロス）だった。プシュケは語義からすれば魂であり、蝶である。山のうえの供儀台から風に吹かれてクピドの館に運ばれたプシュケはまさに蝶だったのではないだろうか。クピドのほうは、翼の生えた愛神の姿だった。しかし、見るなという掟にプシュケがそむいたために、クピドは飛び去った[12]。プシュケはクピドを探してあらゆると

ジェラール《クピドとプシュケ》1798年頃、ルーヴル美術館蔵（プシュケの頭上に蝶が描かれている）

ころをさまよった末に、ついにクピドの母神ウェヌスの宮殿にたどりついた。実はウェヌスはプシュケに激しい怒りを抱いていたのを彼女は知らなかったのだ。プシュケの美しさを見て人々がウェヌスより美しいと言ったのを聞いて女神は憤っていたのである。それに、それを罰するために、世界で一番醜い男に慕われるようにクピドに命じたにも関わらず、クピドがプシュケを一目見て夢中になって母神の命令を忘れてしまったので、ウェヌスの怒りはますます燃え上がったのだった。ウェヌスはその憎んでも憎みたりないプシュケがやってきたのを見ると、彼女を奴隷にして、いやな苦しい仕事を山ほどいいつけた。プシュケはそれを神の命ずる試練としてだまって耐えてやりとげた。

　プシュケに課された試練、とりわけ冥界へ命の水を取りにゆく試練は蝶が経るべき幼虫と蛹の段階をあらわしていないだろうか。蛹が冥界での眠りをあらわすともみられるのである。冥界行は二度くりかえされる。二度目は地獄の女王プロセルピナから「美」の瓶をもらってくるのである。日本の蚕の神話では、何度も死（眠り）を経て繭になることが語られる。プシュケも少なくとも二度死ななければならなかった。あるいは三度死んだともみなされる。三度目はプロセルピナの瓶を開けて、そこから出たた「死」にとりつかれたのである。このときはクピドによって助けられた[13]。

　プシュケの試練の物語では蟻が大量の穀物をしわける。多くの昔話で、主人公のイニシエーションとしての同種の難題を蟻が助ける。昆虫はその変態によって子供が大人になってゆくうえで経るイニシエーションの過程をあらわしているとシガノスはいう。子供自身が幼虫から蛹、成虫の段階を経るのではなく、成長の過程に応じて、さまざまな昆虫が彼の成長を助けるのである。不思議の国のアリスは、あきらかに虫たちに出会って、自分がだれであるかを知らされる。サンドのグリブイユ（『本当のグリブイユの物語』）でも蜜蜂や雀蜂のあいだでの生活が少年の成長に相当する。それほど具体的ではないがル・クレジオの「モンド」の主人公も虫の鳴き声を聞きながら確実に大人になってゆく。

蜘蛛

最古の神話では、蜘蛛は紡ぐもの、測るもの、命の糸を切るものとして三位一体の地母神と結びつけられた（『昆虫　この小さきものたちの声』）。

古代ギリシャ以前の神話では、女神アテナもまた運命を紡ぎ、蜘蛛に変身することができた。蜘蛛の姿のときはアラクネと呼ばれた。ただし後の神話ではニンフのアラクネ

アラクネを蜘蛛に変えるアテナ（アントニオ・テンペスタ画『オウィディウスの変身物語』1606年版より、1581年）

が女神に挑戦した物語とされた。

アテナとアラクネの物語

アテナと機織りの腕を競ったアラクネは女神によって蜘蛛に変えられた。[14] 蜘蛛は昆虫ではないがあえてここにあげておこう。ふつうは女神に挑戦したアラクネが傲慢の罪で罰せられたと理解されるが、美しい蜘蛛の糸を織って、そこにやどった露を太陽の光にきらきらと輝かせるようになったアラクネは、好きな機織りを思う存分楽しむことができるようになったのではないだろうか。人の手ではとうてい織れないような美しい網をあみだすようになったのは罰より女神の恩寵かもしれない。アポロンに音楽の腕を自慢したマルシアスは全身の皮をはがれて殺されたが、アテナはそこまで残酷ではなかった。どんな蜘蛛になったのかあきらかではないが、さぞ美しい蜘蛛だっただろう。

アウロラとティトノス

暁の女神アウロラ（エーオース）はゼウスに願って、恋人ティトノスを不死にしてもらった。しかし永遠の若さを願うことは忘れていた。ティトノスはだんだん老いさらばえていった。そこで地上へ帰してもらうよう願った。アウロラはその願いをきいて、彼をキリギリスにした。キリギリスの鳴き声を聞くたびにふたりですごした幸せな日々を思い出すように(セミになったという話もある。なお、ムーサたちと同時に生まれて、飲み食いを忘れて歌いつづけ、

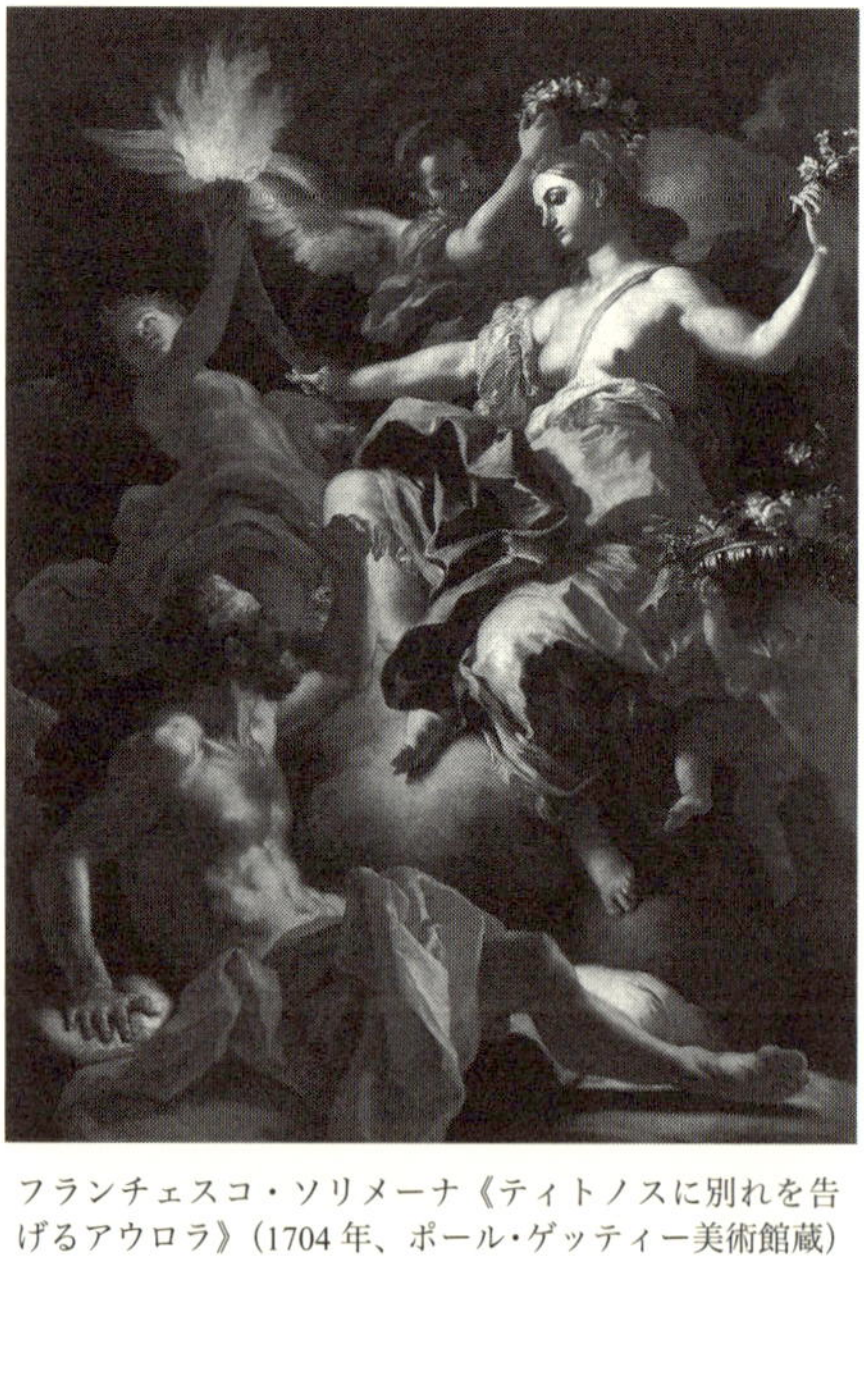

フランチェスコ・ソリメーナ《ティトノスに別れを告げるアウロラ》(1704年、ポール・ゲッティー美術館蔵)

そのまま死んだ男がいて、それがセミの起源だともいう。『ラルース象徴事典』）。一方、月神セレネーは若きエーリス王エンディミオンにほれ、彼を永遠の眠りにつかせた。そして夜ごと彼のもとへやってきてその美しさを愛でた。エンディミオンは永遠の若さのまま眠り込んでいた。セレネーのほうがアウロラより賢明だった。[15]

ハチに襲われる人びと（ギリシャの壺絵、大英博物館蔵）

蜜蜂の起源

昆虫ではほかに蜜蜂の起源説話がある。鹿になって殺されたアクタイオンの父親のアリスタイオスが養蜂をはじめたという。アリスタイオスはアポロンとキュレーネーの子で蜜蜂を飼っていたが、あるとき、蜜蜂が病気にかかって全滅した。そこで海神プロテウスをとらえてその原因をきいた。それによると、エウリュディケーに横恋慕して追いまわしていたあげく、蛇に咬まれてエウリュディケーが死んだことをエウリュディケーもオルペウスも憤っているのが原因だとわかり、エウリュディケーとオルペウスに牛をいけにえに捧げてまつった。すると牛の死体から蜜蜂が発生したという。

クワガタの起源

オウィディウス『転身物語』によれば、ケラムブスという羊飼いはデウカリオンの大洪水のとき、山中に逃げこんだが、それを憐れんだニンフたちによって、翼を与えられ、クワガタ、あるいは黄金虫になったという。

病害虫

ギリシャではゼウス・アポミオスという呼称は「蝿を追うもの」を意味する。サルトルの『蝿』はそこから出ている。しかしギリシャは農耕の盛んな地帯ではなかったせい

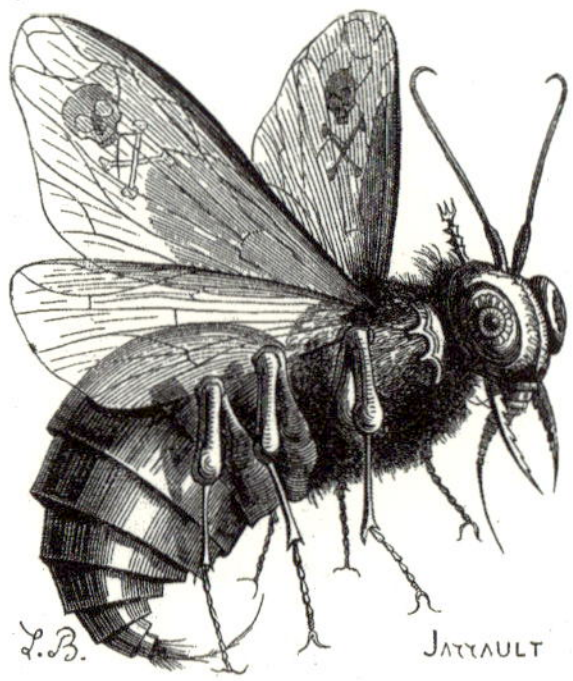

ハエの王と呼ばれる悪霊ベルゼブル（コラン・ド・プランシー『地獄の辞典』1826 年版）

占星術の写本に描かれたサソリ（14 世紀、フランス国立図書館蔵）

で、農害虫の話は神話には出てこない。動物では狼や熊といった狩猟動物と牛、馬、羊といった牧畜動物が中心で、神をまつるにも家畜をいけにえにした。[16] 昆虫の入り込むすきはなかったようである。

古代文明のうち少なからぬものが蚤の媒介するペストで絶滅したのではないだろうか。ほかにも蚊によるマラリア、ツェツェバエによる疫病、そして飛蝗による穀物の被害などで滅んだ国があるだろう。ウィリアム・ゴールディングに『蝿の王』という小説があり、古代からベルゼブルはハエの王とされてきたが、ある種の昆虫は文明の破壊者だった。しかしその一方では蜜蜂は蜂蜜を提供してきたし、蝶や蜂その他の昆虫は花粉を運んで植物の受粉を助けてきた。

害虫としてはサソリも恐れられた。エジプトではセルケトがサソリ女神であると同時にサソリ毒を無害にする治療師として敬われたが、ギリシャではアルテミスがオリオンを罰するときにサソリが使われた。[17] オリオンは天にのぼって星座になったときもさそり座に追いかけられているという。黄道十二宮ではさそり座は秋をあらわす。民俗の世界でも十一月の万聖節の季節をあらわす。

三、聖書

聖書ではアブやバッタの害が語られる。イスラエルの民は本来遊牧民であり、定着農耕をはじめても牧畜の重要性が高かった。アブは家畜にたかる害虫である。ただし「出エジプト記」では農耕社会のエジプトに送られた災いが語られている。ファラオがユダヤ人たちを滅ぼそうとしたとき、神がエジプトにハエやアブやバッタを大量に送ったという。「みよ、あす、わたしはいなごを、あなたの領土にはいらせるであろう。それは地のおもてを覆い、人が地のおもてを見ることもできないほどになるであろう」(「出エジプト記」)。この「イナゴ」は飛蝗(バッタ)のことであるという。[18]

◎神がエジプトにおくった災厄のはじめは、ハエやアブの災いだった。主はモーセに言われた、「あなたはアロンに言いなさい、『あなたのつえをさし伸べて地のちりを打ち、それをエジプトの全国にわたって、ぶよとならせなさい』と。彼らはそのように行った。すなわちアロンはそのつえをとって手をさし伸べ、地のちりを打ったので、ぶよは人と家畜についた。すなわち、地のちりはみなエジプトの全国にわたって、ぶよとなった(「出エジプト記」)。ブヨだけではそれほど致命的ではない。クラウズリー＝トンプソンはそれにくわえて飛蝗の害が、「出エジプト」につながったと言う。「もし、あなたがわたしの民を去らせることを拒み続けるならば、明日、わたしはあなたの領土にいなごを送り込む。また、あなたの王宮、家臣のすべての家、エジプト中の家にいなごが満ちる。それは、あなたの先祖も、先祖の先祖も、この土地に住み着いたときから今日まで見たことがないものである』と」(前出と少し訳がちがうが同じ箇所である)。

◎「黙示録」九章では「第五の天使がラッパを」ふくと、

第五の天使のラッパとともにあらわれるイナゴ（『バンベルクの黙示録』11世紀初期、バンベルク州立図書館蔵）

「底なしの淵の穴」がひらき、そこから黒い煙がたちのぼった。「煙の中からイナゴの群れが地上へでてきた。」「いなごが与える苦痛は、サソリが人を刺したときの苦痛のようであった。この人々はその期間、死にたいと思っても死ぬことができず、切に死をのぞんでも、死のほうでにげてゆく。」これもバッタとみられるが、その姿は「出陣の用意を整えた馬に似て、頭には金の冠に似たものをつけ、顔は人間の顔のようであった」というので、かなり現実ばなれしている。

　バッタの害以外でも虫についての記述がある。

◎主はモーセに言われた。「手をエジプトの地に差し伸べ、いなごを呼び寄せなさい。いなごはエジプトの国を襲い、地のあらゆる草、雹の害を免れたすべてのものを食い尽くすであろう。モーセがエジプトの地に杖を差し伸べると、主はまる一昼夜、東風を吹かせられた。朝になると、東風がいなごの大群を運んで来た。いなごが地の面をすべて覆ったので、地は暗くなった。いなごは地のあらゆる草、雹の害を免れた木の実をすべて食い尽くしたので、木であれ、野の草であれ、エジプト全土のどこにも緑のものは何一つ残らなかった」。この「いなご」は「バッタ」である。また、このバッタは風にのって移動してきたと思われる。翌日、風向きが変わると、バッタは海のほうへ去ったからである。どうやらこの神はバッタの神のようである。「主が命じられると、いなごが発生し／数え切れないいなごがはい回り」と「詩編」にある。さらには「わたしはまた熊蜂をあなたの先につかわすであろう。これはヒビびと、カナンびと、およびヘテびとをあなたの前からおいはらうであろう」ともいわれている。この「熊蜂」はスズメバチのこととされている（『虫のはなしⅢ』）。

「その日が来れば、主は口笛をふいて、エジプトの川の果てから蝿を、アッシリアの地から蜂をよばれる」（「イザヤ書」）。

◎「申命記」二十八章　はたけに多くの種を携え出ても、イナゴに食い尽くされて、わずかの収穫しか得られない。

虻に襲われるファラオ（ジェームズ・ティソ画、19 世紀末頃）

神はエジプトに蝗の大群を放った（ホルマン・バイブルの挿絵、1890 年）

ぶどう畑を作って手をいれても、虫に実を食われてしまい、収穫はなく、ぶどう酒を飲むことはできない。

◎「申命記」十四章　羽のある昆虫はすべて汚れたものであり、食べてはならない。

◎「ヨブ記」二十五章　うじのような人、虫のような人の子はなおさらである（人の子は虫けらであるともいう）。

◎「使徒行伝」では、主の天使がヘロデ王を打ち倒したことが語られる。「するとたちまち、主の使が彼を打った。神に栄光を帰することをしなかったからである。王は蛆にくいたかられて息たえた」。

◎ペリシテ人の神ベルゼブルは「ハエの神」だった。それはイスラエル人がカルデア人のバアル神に与えた軽蔑的なあだなであった。この神は、カルデア人のいけにえ動物にむらがるハエの大群から生じたといわれる（『歴史を変えた昆虫たち』）。

◎ゾロアスターは、悪の側をデーヴァス、すなわち、腐った死体から生じてむらがるハエを意味する堕落の邪神と考えていた。

◎センナケリブ王（アッシリア）の軍隊は悪疫の神プタハの介入で滅ぼされた。この神はテーベの神殿に祀られ、手に一匹の鼠をつかんでいる。この鼠が蚤をはこび、蚤がペストを運んだものとみなされる。

◎ヘブライの民はたびたびペストに襲われた。鼠がはこぶノミの媒介するものであったろう。かれらのエジプトでの生活環境の劣悪さを語るものかもしれない。

◎ローマ帝国の滅亡において、マラリアの役割はいっそう重要であったように思われる（同前）。ローマ帝国の版図にはハマダラ蚊が媒介するマラリア原虫の感染によって起こるマラリアの流行地が多く含まれていたのである。

◎「箴言」六章六節には、「蟻のところへゆき、そのすることを見て、知恵を得よ」とある。

◎その他の昆虫ではシミがある。「見よ、彼らはみな衣のように古び、シミのためにくいつくされる」（「イザヤ書」）。この「シミ」は衣類を食うイガであろう。

四、北欧

トリックスターのロキは変身の術にたけていた。彼は女神フレイヤの首飾りを奪うために蝿になって女神の部屋にしのびこんだ。ロキは本来は民俗の精霊で、ゴブリンのようなものだったと考えられている。悪の権化で、トラブルメーカーであり、混乱をもたらすもの、人々に不和をもたらすものだった。したがってロキが蝿に化けるのもイメージとしてはふさわしかった。だれにも好まれないものである。メソポタミアの「ハエの王」ともイメージが重なっていた。女神の部屋へしのびこむだけなら蟻でもよかったが、悪の権化としては「ハエの王」のイメージが思い出されたのであろう。

北欧の気候は昆虫には幸いしなかった。鳴く虫も蝉もいないし、蚊もいなかった。甲虫類も少なかった。漁労と牧畜、そして林業の文化だった。しかし干し魚と牛糞には蝿がたかった。蜜蜂もいて、蜂蜜から蜜酒をつくっていた。

蜜酒（スットウングがもっていた蜜酒を、オーディンがその娘を誘惑して盗む。詩の源泉になる）。ヴァルハラの屋根の上にいる山羊へイドルンはイグドラシルの葉をかじって蜜酒を出す。

若さの女神イドゥンは若さのリンゴの木をもっていた。自然に育てたリンゴには虫が入り込むだろうが、神話ではリンゴの虫については語られない。あるいは気候的に果実につく虫が繁殖しない風土なのかもしれない。

五、アメリカ

パパゴ族

ある日、創造者は子供たちの遊ぶ様子を見ていた。子供たちは楽し気であった。しかし創造者は思った。この子供たちもいずれ年をとってみにくくなる。野に咲く花も枯れるだろう。いまのうちに「これらの美しいものをとどめておくべきだ。この子供たちが見て喜ぶものを作ろう」。創造者は袋を取り出し、日光と空の青さと葉のみどり、花の赤、それらみんなを袋にいれて子供たちに渡した。子供たちが袋をあけるといろとりどりの蝶がとびだした。しかし鳥が反対したので、歌声は蝶には与えなかった（オルティスほか『アメリカ先住民の神話』）。

ズーニー族

若い妻を亡くした男が、死者の国まで妻を追っていこうとした。妻を呼びだすと精霊になった妻があらわれた。男がどうしても死者の国へ行きたいというと、この羽を追いかけてきてと妻はいって、赤い羽をしめした。妻の姿は消えて羽だけひらひらと舞っていた。男はその羽のあとを追っていった。しかし羽は大きな湖の底へ消えてしまった。男が途方に暮れているとフクロウがやってきて、死んだ妻に会える方法を教える。フクロウの「メディスン（魔法）」で眠りこむと、そのあいだに蟻塚のところへゆく。そこで目をさますと妻の姿が見える。ただ、村へ連れ帰るまでは、けっして妻に触れてはいけない。男はしかし、妻に触れてしまう。妻は永遠に失われた（同前）。

これはギリシャのオルペウスがエウリュディケーを冥界にさがしにいった物語である。死者の国へ道案内した赤い羽はそうは言っていないが、蝶であろう。ギリシャ語ではプシュケーである。

アパッチ族

狐が蛍から火をぬすんで地上にばらまいた（小西正泰『虫の文化誌』）。

テンペ族　蜂蜜の祭りの起源（M189）

（M番号はレヴィ＝ストロース『蜜から灰へ』の神話番号、以下同じ）

コンゴーインコをとりにアジワイワの木にのぼっているとジャガーがきて、花の蜜を瓢箪に満たした。男はアリに変身してジャガーのすむ地下世界へもぐって、ジャガーたちの小屋へたどりついた。そこには蜂蜜をいっぱいに入れた器がいくつも吊してあった。彼はその村で、蜂蜜の祭りの歌や踊りをおぼえた。しばらくして村へ帰った男は仲間に蜂蜜祭りの歌と踊りを教えた。

トバ族　蜂蜜の好きな娘（M212）

水の精の王の娘は蜂蜜が大好きで、たえず蜂蜜をねだっていた。母親はそれをうるさがって「結婚しろ」といった。そこで、蜂蜜さがしの評判の啄木鳥をさがしにいった。

ある日、啄木鳥の留守に狐がやってきて、娘を犯そうとした。娘は低木林帯へ逃げたが、のどが乾いて死にかけた。啄木鳥は帰ってきて、妻がいなくなっていることに気がつくと、捜しものをみつける魔法の矢を放った。そのうち一本が戻ってこなかった。そこで、その矢の方向へ妻を捜しにいった。妻はその間に息子を出産していた。その息子は矢をみつけて、父親の矢であると認め、それをもって啄木鳥のところへ戻って、親子が一緒になった。息子はみんなに、啄木鳥の息子として認知され、狐はのちに罰せられた。

マタコ族　蜂蜜の好きな娘Ⅲ（M218）

はじめ、動物たちは人間だった。そして蜂蜜だけを食べていた。太陽の娘は蜂蜜探しの上手な啄木鳥と結婚した。啄木鳥の留守にタクファがやってきて啄木鳥の妻を誘惑しようとした。女は太陽のところへ逃げ帰った。タクファは女になりすまして、蜂蜜をうけとった。しかしやがて正体がわかり啄木鳥に殺された。啄木鳥は太陽の家で妻をみつける。

最初に生まれた人間は蟻だった。

ホピ族　ミツバチの精（M233）

蜂蜜をみつけるのが上手なインディアンが斧で木の幹に穴をあけていると「気をつけて、けがをさせないで」という声がする。そこには美しい女がいた。女の名はマバ（蜂蜜）といった。蜂蜜の精だった。綿を集めてきて、それで着るものをつくった。名前を言ってはいけないという条件のもとに結婚する。女はカシリやパイワリ（いずれもマニオクとサツマイモのビール）をつくるのが上手だった。あるとき、人をまねいて酒をふるまったが、全部のみほしてしまった。そこで、この次はマバがもっとたくさん用意すると言ってしまった。女は蜜蜂になって飛んでいった。

トリンギット族　蚊の起源

トリンギット族は蚊の起源を語っている。巨人がいて、人間をつかまえては肉を食べ、血をすすっていた。人々はなんとかこの巨人を退治しようとして、ひとりが死んだふりをしていると、巨人がそれをさらって洞穴へつれていった。そこで、油断をみすまして、ナイフで巨人の左足の裏を刺した。まさにそこが巨人の心臓のあるところだった。男は巨人の身体を細切れにして焼いて灰にし、その灰を空中にまいた。それが蚊になった。鬼の身体を焼いてその灰をまいたら蚊になったというのは沖縄でも語られている。

ラコタ族ほか、蜘蛛のトリックスターをイクトミという。天空神の息子で、文化英雄としても活躍する。人間の姿としては老人になる。ブルーレ・スー族ではたんに好色な男として描かれる。チェロキー族では太陽がなくて暗闇ばかりだったころ、蜘蛛ばあさんが蜘蛛の巣で太陽をからめとったという。また火も蜘蛛ばあさんがとってきたという（『アメリカ先住民の神話』）。

六、その他の地域

マヤ（中央アメリカ）では、サソリは狩りの神である。また苦行と瀉血のシンボルともなる（『ラルース象徴事典』)。

アボリジニ（オーストラリア）は、蟻と白蟻は大地の秘密を知っている、という。

ドゴン族（西アフリカ）で、サソリは切除された陰核、すなわち女の男性的魂をあらわす。サソリはまた双子の守護神ともなる（『ラルース象徴事典』）。陰核はまた白蟻の蟻塚によってもあらわされる。

西アフリカでは蜘蛛のかたちのトリックスターをアナンシと呼んでいる。最初の人間をつくったのは彼で、そこに天空神ニャメが命をふきこんだ。アナンシは神々と人間のあいだの仲介役を果たす。文化英雄としては穀物をもたらす。この神話はカリブ海地帯にも伝わっている[19]。トリックスターとしての蜘蛛はアメリカではイクトミと呼ばれる。

ロシアでは蜜蜂の神をゾシムという。

世界各地の宇宙創成神話のうち潜水神話のカタログ（ベリョースキン）には、C6H「昆虫が土を獲得する　土を（海底から、またはどこか遠方から）昆虫が持ってくる」というモチーフとして以下のものが載っている（多くは鳥が水に潜って海底から泥を取ってきて、それをもとにして陸地をつくる）。

チベット・インドのミシュミ（Mishmi）族では白いアリ、インドシナのシャン族はアリ、南アジアのビール（Bhil）族ではスズメバチや幼虫（長い話が複数あり）、マレーシアのセマング（Semang）族ではフンコロガシ、アメリカ合衆国南東部のチェロキー族ではゲンゴロウ（以上、直野洋子氏の教示による）。

七、中国

先蚕（人びとに養蚕を教えた神）

「黄帝の后西稜氏は縲祖といい、はじめて養蚕をおこなった、だから先蚕として祀る」と『路史』にある。また『後漢書』に「先蚕は少牢の礼（羊と豚）で祀る」とある。

蠱毒

蠱毒をめぐる民間伝承が今日まで伝わっている。蛇、ムカデなどをふくんだ五種の虫、あるいは百匹の虫を容器のなかにとじこめて共食いをさせ、最後に残った一匹を使い神にして、人に呪いを送ったりする。

養蚕の起源

養蚕起源神話として人口に膾炙しているのは馬娘婚姻譚である。国に敵が攻めてきて、迎え撃ったが非力で、国の運命が風前のともしびとなった。そのとき、敵将の首をとってきたものには王女をくれてやると王が言ったところ、王の馬が突然はしりだして、敵将の首を咬み切って戻ってきた。しかし馬に王女をくれるわけにはいかないというので、手柄をたてた馬を殺して皮を木にかけて干していたところ、風が巻き起こって、その皮をひるがえし、ちょうどそこへ来かかった王女のからだをくるんで空へ舞い上がった。しばらくして空からは蚕が桑の木に降って来たという。この馬娘婚姻譚にはいろいろなヴァージョンがあり、日本でも語られる。これには行方不明になった父親を連れ戻してきたというヴァリエーションもある。『中国の神話・伝説』では、黄帝の戦勝の宴に、馬の皮をまとった蚕神が金糸と銀糸をもって天上からおりてきた。この神は着ている馬の皮を身にくるむと蚕になり、桑の木にのぼって糸をはく。

この神話の異伝では、父親が敵の虜囚となったなどと語りだし、その父を連れ帰ったら娘をやるというと馬が走って行ったというものもある。馬の皮が娘をくるんで天へのぼるというのはたいてい同じである。この話が犬婿になる場合もあるが、その場合は蚕の話はでてこない。しかし日本では、犬がたった一匹の蚕を食べてしまって、そのかわりに鼻から糸をだしたという話もある。

あるいは日本の蚕影山伝承ないしは黄金姫伝承では、馬はでてこず、娘が継母にいじめられ、山へ捨てられたり、地へ埋められたりするが、最後にうつぼ舟に乗せて流されたのを、漁民が拾って舟をあらためると小さい虫がいたという話もあり、それが蚕だったという。あるいは、娘がしばらくは生きていたが、やがて死んで蚕になったというものもある。これは継母に山へ捨てられたり、地へ埋められたりした受難を蚕の「眠」にたとえ、うつぼ舟を繭にたとえた話であろう。

胡蝶媽媽

ミャオ族の伝承では楓の木が蝶を生む。この蝶が魚を食べて大きくなり、十二の卵を産む。その卵から牛や象や虎が生まれる。人間も生まれるようで、人と動物の母とされる。

南海胡蝶

『嶺南異物志』によれば、南海には巨大な蝶がいて、あるとき、蒲帆のようなものが飛んできて舟にあたって落ちたのをみると蝶だった。それを料理すると八十斤の肉になり、きわめて美味で滋養にとんでいたという。この蝶はまた百様に変化する百幻蝶ともいう。

射工虫

おそらく『山海経《せんがいきょう》』「大荒南経」にある記述によるものだろうが、毒虫を食べる人々がいる。虫は射工虫といい、水弩ともいう。毒気を噴出して人を射る。しかしこの国の人はその虫を恐れるどころか、好んで食べる。（『山海経』では「いさごむし」という）。

冬ごもりの虫

『抱朴子』に次のようにある。「虫のなかで冬ごもりできるものは多い。鳥の中で天をとべるものは多い。（……）長生きの原因は、冬ごもりと飛行の能力にあるのではない。（……）龍、蛇、蛟、海蛇、猿、針鼠、蛙、木くい虫はすべて冬中たべずにいられる。（……）人の身中には三尸という虫がいる。三尸とは、形がなく、実は霊魂・鬼神のたぐいである。この虫はその人を早く死なせたいとおもっている。人が死ねば虫自体は幽霊となって思いのままに浮かれあるき、死者を祭る供物を食べる」。

前段は不老不死をめぐる思索のなかの文章で、木のなかにこもる木くい虫がでてくる。後段は庚申信仰の三尸虫に

陸治《胡蝶の夢》部分図（明代、シカゴ美術研究所蔵）

ついての叙述である。

蝶の夢

荘子が夢のなかで蝶になって飛んでいたが、目ざめて、はたして自分がいま人間になっている夢をみている蝶なのか人間なのかわからないという話。フランスのゴーティエの幻想譚に、田舎村の司祭が夜ごとヴェネツィアで貴公子となって遊蕩にふける夢をみつつ、田舎で司祭をつとめているのが夢なのか、反対なのかわからなくなるという話があり、時代は十九世紀だから、荘子の夢が先であることはいうまでもない。

南柯の夢

あるひとが槐の木の下で昼寝をしたところ、槐国の太守になって二十年のあいだ栄華をきわめた夢をみたが、さめてみれば、槐の根の元で忙しそうにしている蟻の国の話だった。

窮蟬

天と地をわけた天帝の子供で窮蟬という神は人の家の竈神になった。姿は竈の上によくみかける蟬のような赤い虫で、毎年十二月二十三日と二十四日に天へのぼって人々の家の事情を報告する。日本の庚申の虫のようでもある。日本の庚申はもちろん中国からきている。庚申の日に三尸という虫が人間界の状況を天帝に報告するという。そのもとがこの竈神かもしれない（『抱朴子』では竈神と三尸は別である。前出）。

蟬の話

斉王の后が王にうらみを抱いて亡くなった。亡骸は蟬に化し、宮廷の庭の木で、切々と訴えるように鳴きつづけた。よって蟬を斉女という（崔豹『古今注』）。

人の魂は蝶に化して愛するもののところへ帰ってくる。

梁山伯と祝英台

英台は男装して都へのぼった。しかし途中で国へ呼び返され、思いを寄せる梁に、故郷にいる自分そっくりの妹と一緒になって欲しいと告げて帰郷する。喜んだ梁山伯は彼女のもとを訪ねるが、そこで英台が実は女の子で、嫁入りを間近にひかえた身であることを知る。梁山伯は悲しみのあまり死に、某所に葬られた。そこへ嫁入りの一行がさしかかった。突如、地面が裂け、英台がそこへ身をおどらせると、そこからは二羽の蝶が飛びたった。

寧波市の梁祝文化公園に建つ梁山伯と祝英台のモニュメント

蟜虫

平逢の山には蟜虫という虫がいて、人の姿をしているが、頭がふたつあり、あらゆる螫虫の親分で、二つの頭は蜂の巣になっている。『中国神話・伝説大事典』では、「多くの蜂がとまって家とする場所」とあり、「あらゆる螫虫」には蜂がふくまれることがわかる。

盤瓠

高辛王の后の耳の中から黄金虫がとびだした。形は蚕に似ていて、長さが三寸もあった。瓠《ひさご》にいれて蓋をしておくと龍犬に化した。五色の斑があって、燦然と耀いていたので、これを盤瓠《ばんこ》と名づけた。おりしも房王がそむいて軍を起こした。高辛王は「房王の首をとってきたものには娘を与えよう」といった。すると例の犬が姿を消し、その夜のうちに房王の首を咬み切ってもってきた。そして自分を金の鐘のなかに七日七晩いれておいてくれという。そのとおりにすると、頭をのぞいて人間の姿になっていた。王女が七日またずに鐘をもちあげて見てしまったので、変身が途中でとまったのだ。犬人間は王女をともなって山にはいってそこに住んだ。袁珂の『中国神話・伝説大事典』によるが、一般には耳から蚕のような虫がでて、瓠にいれておいたら犬になったといい、黄金虫とはいっていない。が、黄金虫の幼虫ならかならずしも不思議ではない。いずれにしても虫が犬に変態したのであり、さらに人間にもなりかけたのである。

玉蟬

中国では死者の口に翡翠などで刻んだ蟬をいれる風習があった。[20]「蟬は復活の象徴」であるからと小西正泰は見る。復活でも早死にでは仕方がない。蟬は幼虫期が長く、土中からでて羽化すると、ほどなくして死ぬ。蝶でも成虫の生存日数は短い。同じような生態の昆虫である蝶やトンボではなく、蟬がとくに復活の象徴とされたのはなぜだろう。南方の暖地の昆虫だからだろうか。あるいはそのにぎやかな「歌声」のせいだろうか。種類によっては十七年ともいう長い土中の幼虫期のせいだろうか。トンボの幼虫は水中にいる。蝶の幼虫は葉の上にいる。それに対して、蟬は人と同じく土中で復活を待つからかもしれない。

　それではなぜ日本ではたとえば銅鐸にトンボやカマキリが描かれて蟬が描かれなかったのだろうか。少なくともトンボについては『日本書紀』に答えがある。次節にあるように日本の形がトンボが交尾している姿に似ているからだというのだ。なお讃岐のほうでは憑き物のひとつとしての「蜻蛉神」があるが、これと昆虫のトンボとはつながるまい。

八、日本

神武天皇は丘にのぼって「国の状を廻らし望みて曰はく」「蜻蛉の臀貼《となめ》のごとくにあるかな」とのたまう。ここに「始めて秋津洲の號あり」。国の形がトンボの交尾した様子に似ていたという。以来、日本の本州を秋津洲《あきつしま》という。日本の形というのは空からみた衛星写真のようなものではなく、丘にのぼって見渡した、山々のつらなる形であろう。

ニニギノ命が天下るとき、葦原中国には「多に蛍火の光く神、および蠅声す邪しき神有り」という。蛍火の光く神とは、あやしい光を発する神であろう。ひかり苔や夜光虫も悪しきものと見られていたにちがいない。

雄略天皇の腕にとまったアブを、トンボがとらえて飛んでいったという話もある。

戦国時代、トンボは「勝ち虫」と呼ばれ、兜の前立てなどに飾られた（『トンボと自然観』）。

弥生時代の銅鐸にカマキリやトンボ、蜘蛛などが描かれる。鹿をとらえている絵と同じ大きさで、カマキリが描かれているのは、カマキリに神話的重要性が認められるこ

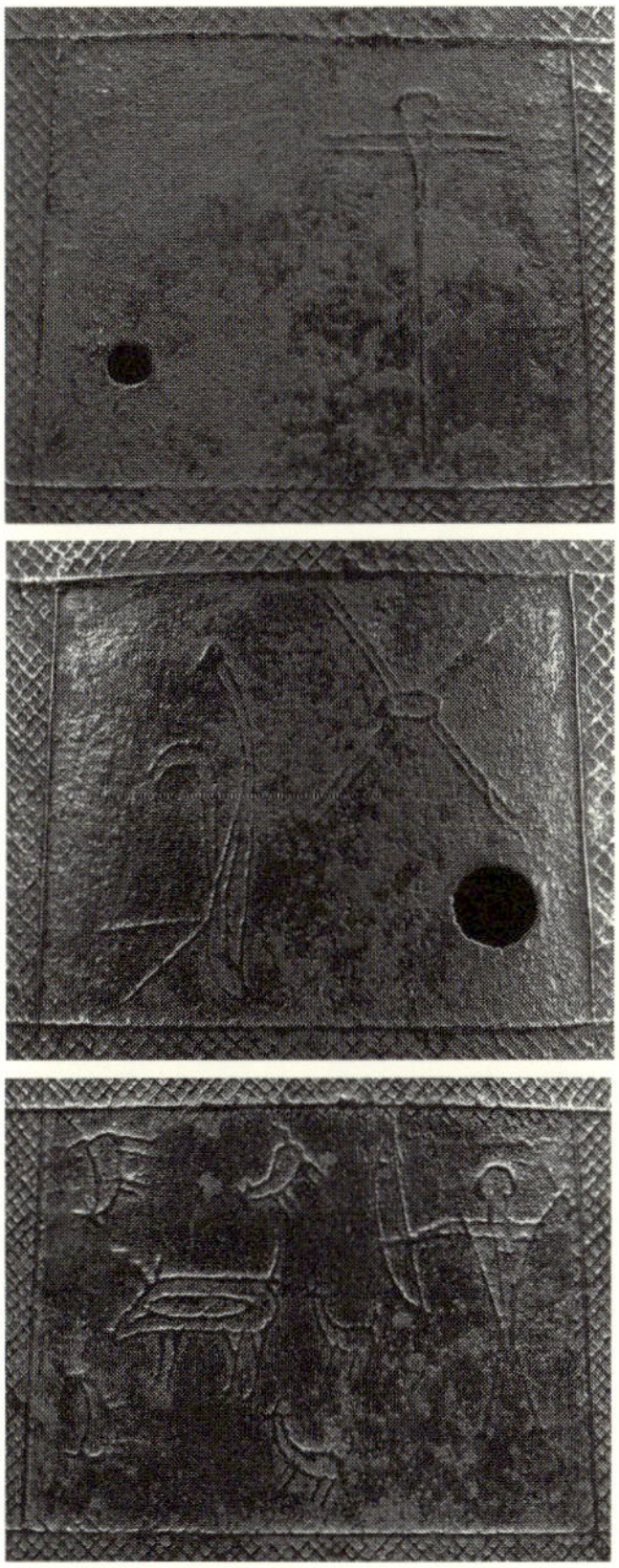

虫が描かれた銅鐸　上：トンボ、中：カマキリとクモ。下は同じ大きさで描かれた狩猟の様子（弥生時代、伝香川県出土、東京国立博物館蔵）

トンボを飾った中世の兜

とを示しているだろう。

蚕の起源

蚕は記紀では三カ所で、女神の頭から生まれたとされている。ひとつは、カグツチの子のワクムスビの頭に桑と蚕が生まれ、二つ目はウケモチノカミがツクヨミに殺されたときにその眉に繭が生じ、三つ目はスサノオがオオゲツヒメを殺したとき、その頭に蚕がなったという。いずれも頭部だが、ということはエジプトの神々のように、それぞれの女神が蚕神としての性格をあらわすために、蚕を額につけてあらわれたのである。馬頭観音のようにといってもいい。女神は不死で死なないのだとするなら、オオゲツヒメらが蚕神としての性格をあらわしたことになる。死体化生ではなく、少なくとも転生と見たいところである。

犬頭糸

蚕についてはもうひとつ起源神話とみなされるものがある。三河の女が飼っていた蚕がただ一匹をのぞいて死んでしまったので、その一匹を大事に育てていたところ、飼っていた犬がそれを食べてしまった。これからどうやって暮らしていけるのだろうと途方にくれていると、犬がその鼻から白い糸をだしているので、それを繰り取ってみると、蚕五千匹相当の糸がとれた。蚕の改良種の神話ともみなされる。

蚕影山大権現を祀った宮殿（文久３年築、川崎市）に描かれた黄金姫伝承の彫刻

黄金姫

そしてやはり蚕の飼養について有名な黄金姫伝承がある。継母にいじめられて、山に捨てられ、海に捨てられ、庭に埋められたりした王女が最後にうつぼ舟に乗せて流される。それを拾って、王女を養っていたが、やがて王女ははかなくなって、かわりに一匹の蚕があらわれた。その蚕に桑の葉を食べさせると大きくなって、繭をつくった。この話は『広益俗説弁』などの古典にもある。

『広益俗説弁』（江戸中期）に欽明天皇の御宇、天竺旧仲国の王女金色姫を継母にくみて、うつぼ舟に乗せて流す。常陸豊良湊につく。ほどなく姫病死して、その霊化して蚕となる、とある。『庭訓往来抄』（一六三一）にもあり。後者では、獅子吼山、鷹群山、遠島、土中遺棄の話がある。

スサノオの虱

虱の神話としては、根の国の話がある。スサノオ、「オオナムチにその頭の虱を取らしめたまひき。故ここにその頭をみれば、ムカデ多なりき」[21]。これは世界的に分布する話で、鬼や悪魔の頭の虱をとらされ、百足がうようよしているので、赤い木の実を噛んではきだし、あたかも百足を噛んでいるかのようにしたという。

この前にはオオナムチは蜂の室、蛇の室にいれられるが、スセリ姫にもらったひれをふって蜂や蛇をおとなしくさせるところがある。ひれには呪力があった。

蝗と歳神

田を荒らす蝗については、田をつくるものたちが、牛を殺してその肉を食べていたところ、御歳神の息子がとおりかかってそれを父神に告げたために、御歳神、怒りを発して蝗をもってその田にはなつとある（「牛宍をもって田人に食はしむ」『古語拾遺』807）。奇妙なのはこのあと神に神意をうかがって事態を収束させようとしたところ、田のかどに男根型の石をすえ、牛肉を供えればよいといったというので、牛肉がかならずしも穢れではなかったようである。たんに御歳神を祀らなかったためのたたりで、御歳神が蝗を使い神としていたわけでもなさそうである。また、この儀礼は男根型の呪物はともかく、牛肉を溝の口におく云々はのちの虫追い儀礼では見かけないものである。そもそもこの話は虫追いの儀礼の由来ではなく、歳神を祀らなかったことへの怒りと、それを慰撫する儀礼であって、歳神まつりには男根型の石を立てるほか、その石に肉などを供えることであったようだ。ただし牛肉自体はのちには牛を殺して祀ることは禁じられるようになるだろう。それも穢れの問題ではなく、貴重な労役獣を殺すことの禁止で、山野の獣であればよかったことは、風土記にある讃容の郡の鹿を犠牲にしてその血の上に種をまくという話をみればあきらかである。なお、牛一頭殺すと、その肉を食べるのにかなりな人数を要しただろうが、骨や内臓など、利用できない部分も多かったにちがいない。それをどのように処理していたかのほうが問題だったかもしれない。ギリシャの話でも牛を犠牲にして神に捧げたあと、その死体から蜜蜂が発生したというので、これは蜜蜂ではなく、蠅だろうとされるが、歳神まつりの場合も、牛の解体と不要部分の処分にしかるべき技術と知識がないと、その後、長く放置され

江戸時代に描かれたアオスジアゲハ（右）とキアゲハ（左）。成虫、幼虫、さなぎの図（水谷豊文『虫豸写真』より、国立国会図書館蔵）

た死体に蛆がわくことが予想される。そこまで見越して歳神が怒り、正しい祭りの方法を教えたのだと見ることもできなくはない[22]。

三様に変わる虫

オオサザキ（仁徳天皇）が三様（這う虫、鼓、飛ぶ鳥）に変わる虫を見るため、山城へゆく（大后のイワノヒメが山城の奴理能美のところにこもった）。これは蚕だろう[23]。

常世神

富士川のほとりで、常世神をまつる新宗教が起こった。この神をまつれば貧者は富み、老人は若返るというので、人々がこの神に帰依した。神というのは蚕ににた青虫だった。人々はあらそってこの神に財物を投げ捨てた。「また酒を陳ね、菜・六畜を路の側に陳ね」たというから、肉を供えたのであろう。この虫は橘の木につくというのでアゲハの幼虫とみられるが、これをみるにみかねて、秦河勝《はたのかわかつ》が出て、首謀者を打ち取って、騒動に終止符を打った。この結末は山城国葛野の河勝がとされているので、富士川に発した流行が都にまで及んだものと思われる。ただし、秦河勝がなぜでてきたのかがひっかかる。異神をまつることに対して、体制側が乗り出すことはありえようが、秦河勝がそのような任務を与えられていたのかどうか不明である。歳神の場合は、田畑の豊穣を司る神だったから、彼に対してしかるべき祭りをしなければならなかったということはわかりやすい。秦河勝が、常世神信仰に腹を立てたというからには、彼が主宰するほかの祭式があったのだろうか。稲荷起源説話では、秦の伊呂具というものが餅を的にして矢を放ち、餅が白鳥になって飛んでいって稲荷の山にとまった。以来、稲荷をまつるようになったという。そのたぐいの新興宗教同士の抗争があったのかとも思われるところである。

この常世神は一般にアゲハの幼虫とされるが、小西正己は蛾のシンジュサンの幼虫ではないかという。この神をまつれば富栄えるというのを具体的に経済価値があることとみれば、山繭をとることができるヤママユの仲間ではない

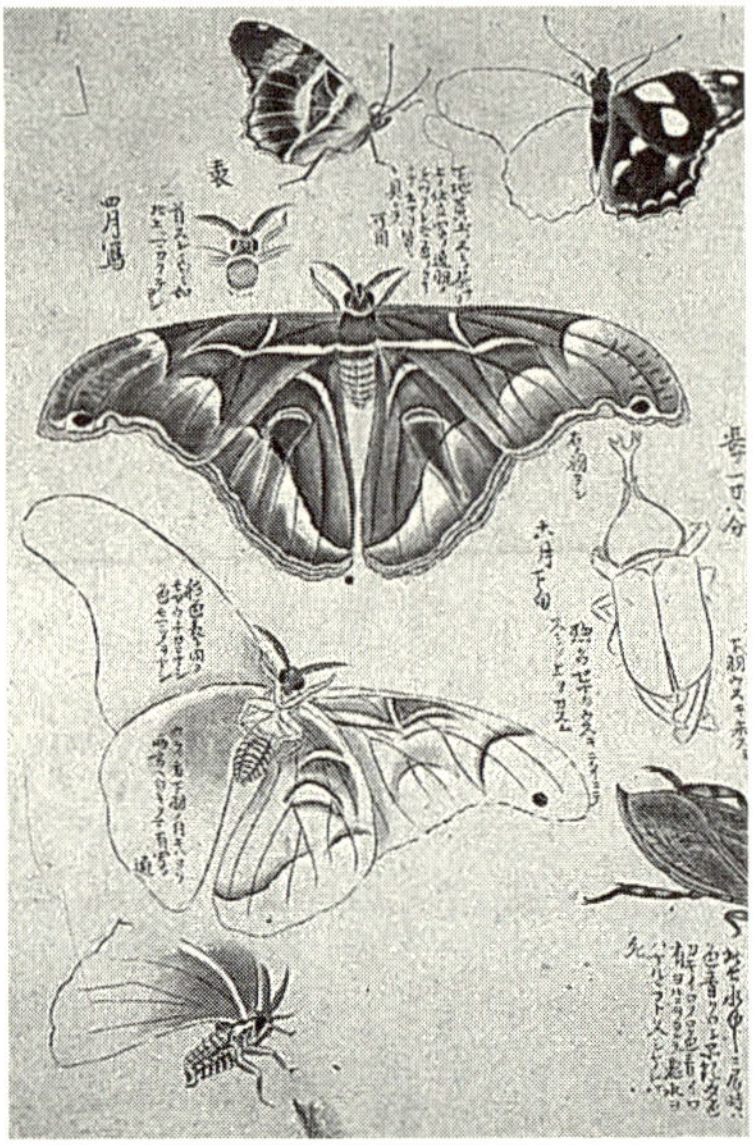

江戸時代に描かれたシンジュサンの図（円山応挙『写生帖』より、東京国立博物館蔵）

かというのである。シンジュサンなら柑橘類にもカラスサンショウにもつく。緑色の体色で、黒点がある。そういわれればクロアゲハよりふさわしいようにも思えなくはない。ただ、いずれにしても鱗翅目《りんしもく》の虫であったことにちがいはない。そして蚕に似ていた。ということは蚕による絹織物産業を取り仕切る秦河勝を怒らせたということで、蚕繭の代替品を生産するものだったのかもしれない。

そしてそれは「常世」の神であった。「常世」といえば、田道間守が非時の香果（トキジクノコノミ）をもってきたところである。橘が生えるところである。そこに橘につく蝶・蛾が発生し、富士川のほとりまでやってきた。日浦勇は『海をわたる蝶』で、ある種の蝶が海をわたることを示している。海のかなたからあるとき蝶の大群が飛来して富士川をさかのぼって橘の木をさがしてそこに定着した。これが糸をつむぐ虫であったかどうかはわからない。しかし橘の実る「常世」から海をわたってきた虫であれば、常世への憧憬はいやがうえにもかきたてられた。「常世」はそれほど遠いところとは考えられなかったようである。伊勢の浜辺にも「常世波」が打ち寄せる。茨城の大洗海岸にも常世からわたってきたスクナヒコナが漂着した。あるいはそれは小西正己のいうように「蛾の姿をして出現」したスクナヒコナだったかもしれない。

ガガイモの鞘に乗ってやってきたスクナヒコナは蛾（ひむし）の皮を着ていた。スクナヒコナは小西正己の説くところでは「常世の虫祀りと深くかかわっている」のである。

その「常世波」は黒潮であれ、つねに太平洋岸をあらう潮流であり、そこに蝶を吹き寄せる「神風」は台風であれ、熱帯性高気圧であれ、つねに太平洋岸に吹き寄せる風だった。その風や波のみなもとに常世虫のいる島が想像されたのではなかろうか。そこからは定期的に蝶の群れが飛来するのだった。異界からの訪れは渡り鳥だけではなかった。渡り蝶もあったのである。スクナヒコナが常世へ去っていったときも粟の茎にはじかれて飛んでいったというが、虫が粟の茎にのぼって羽化して蛾になって飛んでいったのかもしれない（小西正己による）。常世神については坂東眞砂子が『蟲』で、「その後」を想像する（後出）。

日本の古典神話では常世神が信仰されたことと並行して「這う虫の災い」の祓いがみられる。[24]

百足退治

俵藤太《たわらとうた》の物語でも、日光山と赤城山の争いの話でも、蛇神に対して戦うのは大ムカデである。この百足は全身に硬い鎧をまとっていて、矢をはねかえす。唾をつけて、相手の目をめがけて射ると退治できる。日光山の神を助けた狩

俵藤太の百足退治（勝川春亭画、江戸後期）

人は以後、日本国中のどこでも狩りをしていいという免許をもらう。狩猟伝承であると同時に、山々を跋渉する猟師が山中の鉱脈をみつけて金銀を掘り出す山師にもなる伝承であろう。ムカデは赤城山の鉄鉱石あるいは銅鉱をあらわすものかもしれない。一方の蛇神が俵藤太伝承では竜宮に住んでいることになっているのは、金属加工民が海底に住んでいるというリトアニアほかの世界的伝承に通ずる想像である[25]。と同時に、山中竜宮説があるように、海底は山のなかの地底にも通じている。これを地中の金属を採掘する人々の争いとみるなら、昆虫でも鎧を着たカブトムシや、黄金色の黄金虫などが戦いを繰り広げてもいいところだが、民間伝承ではそのような話はないようである。

II 虫の民俗

昆虫たち（コンラート・フォン・メーゲンベルク『自然の書』1499 年版、ドイツ、ハレ大学・州立図書館蔵）

蚊や蚤、虱、あるいは田畑の害虫と人間とのかかわりは神話より民間伝承にその痕跡をとどめる。蝿の王はいたが、蚊の神、蚤の神はいない。バッタの大群は神が送ったものとされて、駆蝗神や歳神に駆除を願ったが、蚊や蚤について神に責任を求めた民族はなかったようである。神ばかりか、王にも、役人にも蚊や蚤の害を訴えることはなかった。個人的な責任として耐え忍んだのである。疫病退治のために蚊や蚤を一斉駆除するようになったのはもちろん近現代のことである。しかし田畑の害虫については寺社に村単位で参詣して害虫退散を祈願した。といっても、そこでもウンカやバッタの神がいて、その神に自分たちの村の田畑には害を及ぼさないように祈ったのではない。神話では御歳神がバッタ（蝗？）を送った話があり、その害を防除する方法と儀礼は教えたが、御歳神がバッタの神だったわけではない。

樹木の民俗では頭痛や歯痛を樹木へ移す呪法が世界的に認められるが、虫を相手にして同じことをするのはむずかしかった。鳴く虫の音や蛍を鑑賞する文化は文学に痕跡をとどめる。

小西正泰『虫の文化誌』はミツバチ、蚕、ゴキブリ、ウンカ、蛍、こおろぎ、きりぎりす、蝶、蟻、シラミ、ノミ、蚊、南京虫について語る。身近な虫ではトンボがいない。しかしもちろん、氏の膨大な著書のなかでは、かならずやどこかでトンボについても書いているだろう（小西の『虫の博物誌』にはトンボの章がある。ほかテントウムシ、アメンボなど）。なお「文学者と昆虫」の章ではゲーテをあげている。これは類書に例のないことであろう。

梅谷献二『虫の民俗誌』は、セミ、ハンミョウ、ヒメマルカツオブシムシ、チャタテムシ、カマドウマ、シバンムシ、シミなどについて語る。ちょっとかわったレパートリーといってよい。同氏の『虫の博物誌』ではコナガ、イラガ、ゾウムシなどについて書かれている。

一、ヨーロッパの民俗

ヨーロッパでは虫一般には恐怖感を抱くといわれるが、

コオロギは幸せを呼ぶ虫とされ、神様のお馬と呼ばれたり、「コオロギのいるところに神が宿る」といわれたりした。コオロギが家にいついていると幸せをもたらすという（ディケンズの『炉端のこおろぎ』後出）が、逆にコオロギを殺すと、飼っている羊が死ぬともいう。テントウムシも「神様の虫」「聖母の虫」といわれていて、これを殺すと馬が倒れる。お天気占いに使われ、テントウムシが指の先から飛んでいかないときは天気がくずれる。蟻の巣をこわすのも天罰の対象になる。蜜蜂をふみつぶしたりすると巣箱の蜂がみないなくなる。オサムシでもこれをつぶすと悪いことが起こる。不快な虫でも殺してしまうとよくないことが起こる。触らぬ神にたたりなしである。

スウェーデンでは市長候補がテーブルの周りに座り、あごひげをテーブルにつけ、テーブルの中央においた虱がついたあごひげの持ち主を市長に選んだという（『昆虫のフォークロア』）。

不吉なのは木くい虫で、「死の時計」とか「死の刻音」といわれた（同前）。死の時計の音がきこえると死人がでる。「死の時計《デス・ウォッチ》」は和名シバンムシ、「壁に成虫が頭を打ち付けて（音を）発する」（『虫の民俗誌』）。

蜜蜂と蜂蜜

人間と親密な関係をもつ昆虫の代表は蜜蜂で、主人が病気になると蜜蜂も元気がなくなる。主人が死んだときは、巣箱へいって、みんなの主人が亡くなったと告げる。子供が生まれると巣箱に白布をかけて祝う。結婚式には赤い布をかける。葬式には黒い布にする。フランスのポワトゥ地方のマズロールでは養蜂家が巡礼にいって、聖母の首に蜜ろうをさげてくる。ロリオやジロンドの地方では、巣箱の前で罵ったりすると、蜂に刺されたり、蜂が元気がなくなったりする。マントン地方では、蚕の前で罵り言葉をいってはいけない。あるいは蜂に刺されるのは身持ちの悪い娘だという。

蜜蜂は人間の友であるといっても、蜂がすべて友というわけではなく、スズメバチや熊蜂のように獰猛なものもいるし、蜜蜂でもアフリカ、そしてブラジルを経てアメリカ

ピエロ・ディ・コジモ《（ディオニュソスによる）蜂蜜の発見》
1505 ～ 10 年頃、マサチューセッツ・ウースター美術館蔵）

に拡がりだした「殺し屋蜜蜂[01]（killer bee）」などという気性の荒い種もいて、在来種と交配すれば、おとなしい友人だと思っていた蜜蜂が危険な存在になりかわることもありうる。

フランスのブルターニュの伝承では、蜜蜂は十字架上のキリストの涙から生まれた。これはエジプトで、ラーの涙から蜜蜂が生まれたとすることの変化だろう。ほかの伝承では父なる神が蜜蜂をつくり、悪魔がスズメバチをつくった。中世の僧院では、蜜蜂の巣のなかの秩序が模範とされた。蜜蜂の巣箱は勤勉、博識、雄弁を意味し、聖アンブロシウス、クレルヴォーの聖ベルナルドゥスの象徴だった。蜜蜂は単性生殖をするとみなされており、禁欲の象徴でもあった（『ラルース象徴事典』）。

ギリシャ神話のディオニュソスは本来は蜜酒の神だった[02]（『ミツバチの文化史』）。イタリア・ルネサンス期の画家ピエロ・ディ・コシモの《蜂蜜の発見》には、ディオニュソスを祀る様子が描かれる。

「蜜蜂の歴史は人類の歴史」ともいう。

バルベリーニ広場トリトン像の基部。トリトンを支えるイルカの尾に蜜蜂が描かれている

蜜蜂の泉。バルベリーニ家の紋章の蜂がモチーフとなったバロック時代の噴水

ヴァチカン、サン・ピエトロ聖堂のバルダッキーノに飾られた蜂の紋章

一万年前から人類は蜂蜜を採取していた。スペイン、アラニアの岩壁画に蜂蜜をとっている女の絵がある。

ブッシュマンやカラハリ砂漠の原住民たちの創世神話には蜜蜂や蜂蜜がしばしば登場する。

ミカ・ワルタリの『エジプト人』にハネーケーキを食べた思い出があるが、エジプトでは早くから養蜂がおこなわれ、蜂蜜が食べられており、ハネーケーキは神々に捧げる神聖な食べものだった。

古代エジプトではすでに転地養蜂がおこなわれていた。神牛アピスはハネーケーキで養われた。

巣箱を手にした養蜂業者の守護聖人アンブロシウス（オーストリア、ケルンテン州の礼拝堂壁画）

ナポレオン家の紋章である蜂をモチーフにした織物

エペソスのアルテミス（左）と衣の部分に描かれた蜜蜂の図（2 世紀、ナポリ国立考古学博物館蔵）

ガリレオの時代のローマ教皇ウルバヌス八世の紋章には蜜蜂が見られる。バルベリーニ家出身の教皇ウルバヌス八世によって建てられたローマのバルベリーニ広場中央のトリトン像には、同家の紋章である蜜蜂が描かれている。同じ広場の「蜂の泉」ももちろん蜜蜂である。

カトリック教会の総本山であるヴァチカンのサン・ピエトロ聖堂の主祭壇バルダッキーノの柱の装飾にも蜜蜂が描かれる。

蜜蜂はのちにはナポレオンに見られるように諸侯の紋章やガウンなどに描かれたが、教会でも約束の地を「蜂蜜の

蜂蜜採集の様子を描いたスペイン先史時代・アラニア洞窟の岩壁彫刻

養蜂の様子を描いた古代エジプトの壁画（王妃の谷、パバサの墳墓）

ながれる地」というように、地上の楽園の象徴だった。蜂蜜は古代において唯一の甘味料であったばかりか、すぐれた健康食品でもあった。ロイヤルゼリーの効用も知られていた。

　ギリシャのエピダウロスのアスクレピオス神殿の裏にアルテミス神殿がある。アスクレピオスに蜂蜜を提供する蜜蜂の女神としてのアルテミスがここに祀られていた。エペソスのアルテミス像には牛とともに蜜蜂が描かれている。小アジアの古代商業都市エペソスではアルテミス司祭が蜜蜂と呼ばれた。

蜜蜂を巣箱からあぶり出す方法。アッピアノス『狩猟術』の挿絵（アンジュ・ヴェルジェース画、1554年、フランス国立図書館蔵）

　蜂は働きものとして、また人間に蜜を提供する恩人として大事にされ、紋章でもよく描かれる。

　ミノスの王子グラウコスが蜂蜜の壺でおぼれた。[03] 鼠を追いかけているうちに蜜を貯蔵する大甕のなかに落ちて死んだ。占い師ポリュイドスが王子の行方を言いあてた。そしてその後、蛇が薬草をもって死んだ仲間を生き返らせているのを見て、その薬草で、王子を生き返らせた。

　ゼウスは山羊の乳と蜂蜜で育てられた。[04] 蜂蜜は神々の食べ物だった。

ワシントン・アーヴィング『草原の旅』に蜜蜂狩りの場面がある。

蜜蜂に言及している古代の農業書には、アリストテレス『動物誌』、ウェルギリウス『農耕詩』[05]、ウァルロ『農業論』[06]、コルメラ『農業論』[07]などがあり、養蜂のしかたが記されて

蜜蜂の巣をデザインしたドイツ、
ナウムブルク市の貯蓄銀行の看板

レンミンカイネンを蘇生させようとする母
（アクセリ・ガッレン＝カッレラ画、1897年）

いた。動物の中でまっさきに家畜化されたのが蜂である。

プリニウスの『博物誌』にももちろんある。

ユダヤの聖典「タルムード」に高度な養蜂知識がもられている。

フィンランドの叙事詩「カレワラ」ではビールに蜂蜜を加えて発酵させているが、これは北欧諸国共通のものだったかもしれない。

レンミンカイネンはトゥオネラの白鳥をとりにいって彼をねらう敵によって殺されるが、母親が死体をさがしだし、天上の蜂蜜によって蘇生させる。[08]

フランスの民俗

リエージュの伝承では、サソリがトンボになる。フランス全国で、トンボは刺すと思われており、ヤモリなどが変化したものと信じら

れている。蛇の針、悪魔の針とも呼ばれる。トンボがおでこにぶつかるとその人は死ぬという（ワロン地方）。しかしトンボの美しさを歌った詩人（ユゴー[60]、ゴーティエほか）もいる。

カナブンを犬が食べると狂犬になるといい、めんどりが食べると、卵のなかにカナブンの幼虫が入りこむという。ハサミムシが耳に入ると脳に入りこんで反対側から出てくるなどという。おおむね「虫」には嫌悪より恐怖感をもたれていて、虱でもそれにたかられると全身をくわれて死んでしまうなどと信じられていた。熊蜂は蜜蜂の雄とみられている。コオロギはどこでも鳴くが、フランスでは蜜蜂も鳴くことになっているし、クモも歌を口ずさむ。そして天気が変わるときには 時計のふりこのようにチックタックと鳴く。以上は実際の観察からは出てこない話だが、セビヨの『フランス・フォークロア』の記述である。それに対して、最初の蟬の声がきこえると、小麦の刈り取りをするなどというのは、実際の農事暦にそった言い伝えだろう。虫合戦の話では、アルルの近郊にスカラベが集まって大決戦をおこなうと、地面一面がスカラベの死骸で埋められるという。

蟻の巣をこわすとよくないことが起こるが、雨を期待するときは願いがかなう。また、ある種の病気に蟻塚が関係していると思われていて、病人をぬぐった布切れなどを蟻塚にもってゆくと病気が治ると思われていた。リエージュでは、三日熱の場合、尿のなかで茹でた卵を蟻塚に供え、蟻がそれを食べると病気が治ると信じられていた。イル・エ・ヴィレーヌでは九日間、卵を蟻塚に供えた。フランシュ＝コンテでは、同じく卵を蟻塚に供えると腰痛が治るといい、ノルマンディでは九日間蟻塚にむかって放尿をすると黄疸が治るとされていた。サソリに刺されたときはサソリを揚げた油を塗る。あるいは熱さましには生きた蜘蛛を何匹か呑み込むとよい（低地アルプス）。バイユー地方では、蜘蛛を胡桃の殻にいれて首にさげていると熱がさがる。

フンコロガシをふみつぶすと雷が落ちる。カブトムシは、ほっておくと夜中にベッドのなかに入りこんでくるので、みつけたらふみつぶさなければならないというのは、高地ブルターニュの農民たちである。もっともカブトムシの頭をポケットに入れておくと金に不自由しないともいう。あるいは呪詛をのがれるともいう。低地ブルターニュでは、カブトムシの角をもっていれば狂犬におそわれない。高地ヴォージュではその年はじめての蝶を殺せばいいことがある。もっとも「最初の蝶をつかまえるとその年のうちに結婚する」というのは、ノエル・デュ・ファイユの報告にあるが、「つかまえると」というので、「殺すと」とはいっていない。

畑の害虫としての毛虫やバッタは、魔女が送りだす。それらを追い返す方法もいろいろあるが、効果があったかどうかわからない。ブルターニュのパルドン祭（聖地巡行と悔い改めの祭り）でも、カナブンのパルドンなどというものは「虫追い」の役を果したはずだが、効き目があきらかでないせいか、だんだんおこなわれなくなったという。中世には教会で害虫を悪魔の手下として断罪、破門することもあったし、一五一六年、フランスのトロワではあらゆる害虫に対して破門宣告をして、その地から去ることをもとめる宣告を発布したが、効果があったかどうか。効果のあるなしにかかわらず、害虫裁判は繰り返されたようで、一六九〇年にはオーヴェルニュでも虫の破門宣告がなされ、このときは世俗裁判にまでかけられた。破門宣告ではなくとも、司祭は法服を身にまとって畑にでかけて聖水をふりまいた。ところによっては鼠除けの聖女としてとおっているニヴェルの聖ゲルトルードをかつぎだすこともあった。

からだにつく害虫である蚤、虱、南京虫については、聖

ネズミ対策に有効とされる聖女、ニヴェルのゲルトルード

ヨハネの火祭りのときなど、シャツを火にかざしたり、たき火の燃えさしを持ち帰って虱よけにしたりした。家のなかでも家畜の寝藁を暖炉で燃したりするという「火」の儀礼が有効とみなされたようである。あるいは聖マルコの日にイワシの頭を戸口に打ちつけておくと家のなかに蚤虱が入らないなどというのは、「イワシの頭も信心から」という我が国のことわざを思い出させられる。なおこれにはイワシではなくニシンというヴァリエーションもある。十六世紀のパリではニシンの頭をベッドの下の藁のなかに入れておくと蚤がたからないといわれた（『虫の文化誌』）。

　蛾や蝶は死人の魂とみなされ、ランプの周りを飛ぶのは、煉獄の魂が戻ってきているのだという。黒い蝶が

ラ・フォンテーヌ『寓話』の挿絵：「蟻と蟬」（「蟻とキリギリス」）（上）と「蜜蜂とスズメバチ」（下）（ショヴォー画、17 世紀）

風刺画家グランヴィルによるラ・フォンテーヌ『寓話』の挿絵：「蟻と蟬」（「蟻とキリギリス」）1838 年

眠っている魔女の口から飛び出して、だれかに悪さをしかける。病人の口から黒い蝶が飛び出していけば、その人は死ぬ。そのあと、蝶は墓までついてゆく。

オーヴェルニュでは蛍は洗礼を受けずに死んだ子供の魂だと信じている（以上、フランスの事例はセビヨ『フランス・フォークロア』より）。

グランヴィルによるフローリアン『寓話』の挿絵：「蜜蜂とスズメバチ」1843 年

フランスではラ・フォンテーヌの寓話がほとんど伝承話として人口に膾炙している。とくに「蟻と蟬」は、イソップの「蟻と蟬」の書き直しだが、働き者の蟻と享楽主義者の蟬を対比させてよく語られる。夏のあいだ歌ってすごした蟬が冬になって食べ物がなくなって蟻のところへ食べ物をわけてもらいに行って、すげなく断られる話である。夏の間、歌っていたのなら、今度は踊ったらいい、というのが締めくくりである。民衆の世界では「蟻とキリギリス」として知られている。ラ・フォンテーヌには「蜜蜂とスズメバチ」もある。巣箱の所有権をめぐる訴訟の話である。

ちなみに、ロックバンドの「ザ・ビートルズ」は The Beatles で Beetle ではないが、beetle をふまえた命名である。フォルクスワーゲンの「かぶとむし」は beetle、または kafer で、形態から黄金虫をさしている。ただしフランス語では coccinelle でテントウムシだった。

アメリカの大手建設機械メーカーのキャタピラー社は、もとの意味は「芋虫」である。

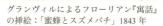

虫追いの図（大蔵永常『除蝗録』江戸時代）

二、日本の民俗

虫送り

全国に分布、主として田んぼの害虫駆除を目的として、鉦太鼓をたたき、旗、のぼりをたて、松明をもって、囃子言葉をとなえながら田んぼの周りをねり歩く。最後に人形などを村境の川や海に捨てる。この場合、鼠送りだと桟俵《さんだわら》に鼠をのせて流すこともあり、「虫の舟」だとノミなどを器にいれて流すこともある。「虫追い」「実盛《さねもり》送り」というところもある。「実盛」というのはウンカなどを「実盛虫」というからだ[一〇]。

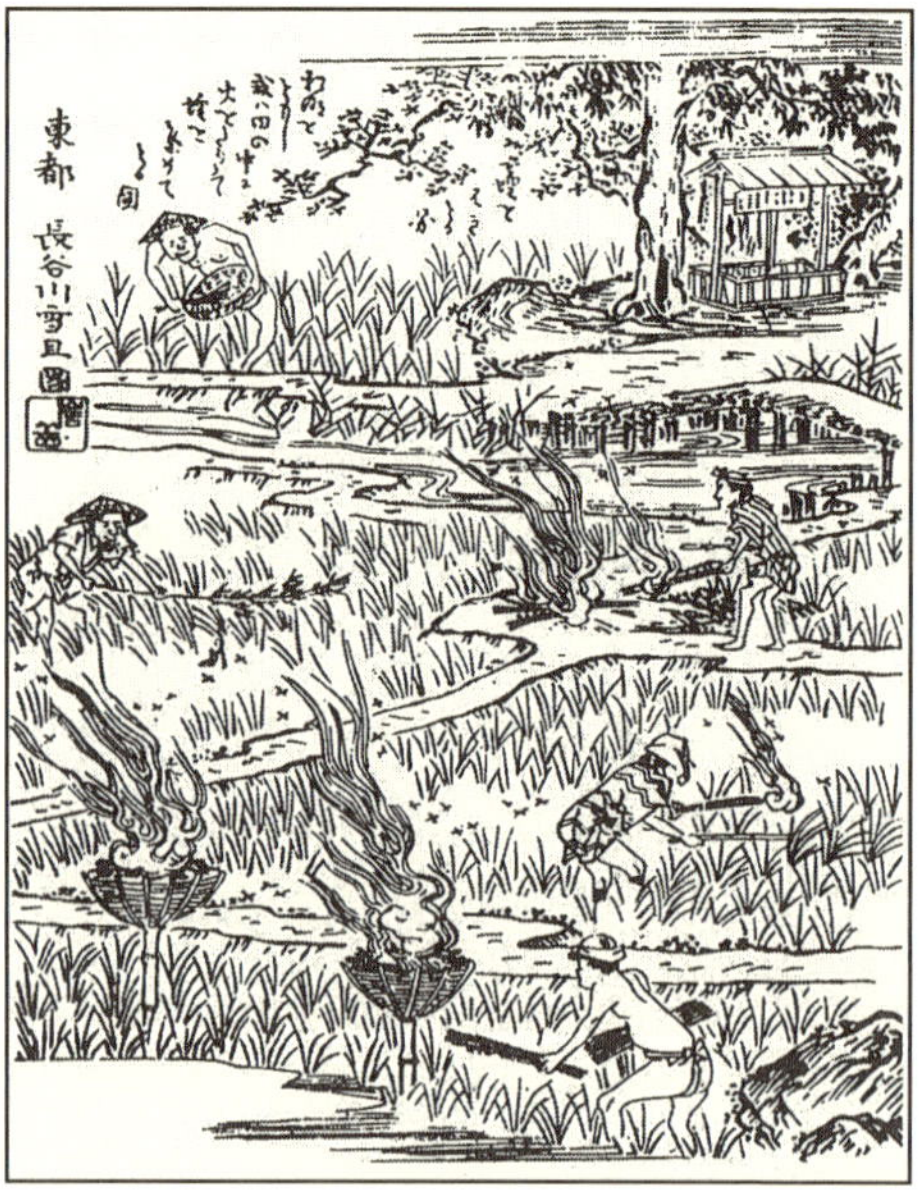

虫を集めて捕る図（大蔵永常『除蝗録』江戸時代）

時期は六～七月が多いが、小正月におこなう場合もある。青森三戸郡の例では、男女二体の藁人形をつくり、太鼓をならしながら出発、辻辻で人形をおどらせ、最後に崖下に人形を投げ捨てる（以上、『文化昆虫学事始め』より）。

虫送りは中国でもやっていた。中国では松明祭りといい、同根ではないかといわれる（『虫のはなしⅢ』）。伊藤清司によると、西南中国で、六月におこなわれる火把節というのがこれだという。人々が高さ一丈あまりの松の木の松明をもってこれに火をつけてねり歩く。その起源の伝説としては、あるとき天から悪神がやってきて、苛斂誅求《かれんちゅうきゅう》の限りを尽くした。それに対してひとりの英雄が立って、九日九晩たたかって撃退した。するとと天では、それを憤って、天虫を下して、作物を害した。それに対して人々が火をもって対抗した話を伊藤は紹介している。ほかの伝承でも天王神が害虫をくだして作物をだめにする話があり、虫が天からやってくると考えられていたことがわかる。たしかに飛蝗は天から雲のようになって飛んでくる。が、また、十二人の子供をもった老人が月ごとに子供たちの家をまわって世話になっていたが、うるう年の十三か月目には誰も世話をするものがなく、ついに飢えて死んだ。するとその死体から畑の害虫が発生して害をなした。あるいは同じく子供たちに世話をされなくなった老人が山に登って死んだが、それを祭虫山といった。人々は畑でとらえた害虫をその山へもっていって炙り殺す。すると畑の害虫がいなくなる（伊藤清司「害虫と化した死体」『昔話・伝説の系譜』）。伊藤はこれらを日本の虫送りのもとであろうと推察する。

日本では、オオバコやギシギシの葉を座敷にまき散らし、それを掃き集めて川へ流すのを「蚤の舟」と呼ぶところもある（町田忍『蚊やり豚の謎』）。

寺で虫除けの祈禱がおこなわれるときは、護符をもらってきて田畑にたてる（同前）。

秋田では七月朔日の虫干し初めの日に「蚤掃き」といって、家ごと、ほこりをはらう行事をおこなった（同前）。神社からお札をもらってきて田畑にたてるというのでは、三峰神社などから「おいぬさま」のお札をもらってきて、猪や鹿の害を避ける風習もあった。

斎藤実盛は、敵をのがれる途中、稲の切り株につまづいて落馬し、非業の死を遂げたため、その怨恨が害虫と化して農作物に禍をする（怨霊化虫）。伊藤は御霊信仰の影響があるとみる。冤魂が害虫に化すというのは武将には限らない。餓死、溺死その他、変死者の怨恨が虫に化す。中国ではこれが駆蝗神《くこうしん》信仰のもとになっていると伊藤清司はみる。日本でも同様で、千葉のほうでは、ある孝行娘が病気の母親に大豆を食べさせようとして家々をまわったが、どこでも追い払われ、とある家の物置においてあった大豆を盗もうとして、家の者に撲殺された。以来、彼女の怨念がぶんぶん虫になって大豆を食い荒らすという（『サネモリ起源考』）。

稲魂としてのトンボ

稲作害虫の天敵として、「トンボの交尾を地形の比喩として謳った背景には、トンボの繁殖が稲虫の絶滅につながり、ひいては稲の豊作につながるという生態民俗的な発想があったのではあるまいか」(野本寛一『生態民俗学序説』)。

蜻蛉が描かれた江戸時代の印籠（法隆寺献納宝物）

トンボが稲の害虫を捕食するとしても「絶滅」ほどにはならないだろう。とくにウンカや蝗が大量に発生するときは同じくらいにトンボも大量発生しなければ追いつかないし、そうなれば、こんどはトンボの害がおそれられる。天敵による害虫駆除は大量発生には無力である。害虫以上に天敵を増やせば、今度はその天敵が害虫になる。少なくとも外来種の動植物をいれることには慎重でなければならないが、害虫退治の天敵については、生態系の破壊が問題にならないのはなぜだろう。害虫退治でもうひとつ広まっているのは「不妊処理法」だが、これも放射線照射で生殖能力を阻害された雄を大量に放したとき、なかにごくわずかでも、生殖能力を保持した個体がでてきて、それが放射線による奇形種を形成するようなおそれはないのだろうか。

トンボを「精霊＝祖霊」として「田の神」とするときには、そのような心配はいらないだろうが、これは稲作文化以外では無効な発想だろう。たとえば稲作をしない外国や、同じく稲作をしない漁民はトンボには無関心か、あるいは別な感懐をもつかだろう。

トンボは「田の神をのせてくる。盆には祖霊をのせてくる」（『トンボと自然観』）。柳田國男も「先祖様が乗って来られると云ひ、又は亡き魂の仮の姿かもしれぬ」といっている。蜻蛉は稲魂でもあろうが、蝶や、蛍とともにいずれも亡き人の魂の形とされていたのである。しかし蝶や蛍が害虫退治には役立たないのに対し、トンボは稲虫を食べることで敬われたのであろう。

蜻蛉については『古事記』の雄略《ゆうりゃく》記でもアブが天皇の腕をかんだところ、蜻蛉が飛んできて、アブをくわえていった話があり、それ以来、その野をアキツノ（阿岐豆野）といったという。アキツは蜻蛉のことである。

なお蜻蛉はカゲロウとも読み、蜉蝣をさす場合もある。『蜻蛉日記』はその例だろう。蜉蝣であればはかない命の象徴である。岩下均は「カゲロウとトンボは、ともに透明で光沢のある羽をもっているが、そのきらきらと光をちらつかせて飛ぶ様子が陽炎をも思わせるところから、「精霊」「蜻蛉」「カゲロウ」と総称されたものであろう」（『虫曼荼羅』）といっている。このうち精霊と陽炎はたまたま音が同じというだけで、蜻蛉や蜉蝣とはつながるまい。ただし精霊蜻蛉はあるが、精霊バッタもいるのであり、虫が広く精霊の性格をもっていたことはいなめない。横井也有《やゆう》もいう。「そも俳諧に心とめし後の身、いかなる虫に成るらん」。大伴旅人も歌う。「この世にし　楽しくあらば　来む世には　虫に鳥にも　吾は生りなむ」。この世で楽しければ、次の世でなにになろうとかまわないというのだが、この世は苦しいことばかりでも、あの世で、蝶になって気楽に花とたわむれて暮らせればそれでいいという人もいる。蝶になった大江佐国《おおえのすけくに》というひとはさしずめ後者であったろう。しかし蝶には蝶の苦しみもあるだろう。蜘蛛や鳥をおそれ、悪天候をおそれなければならない。常春の常世でなら、蝶でもいいが、雨の降らない楽園はないし、鳥のいない楽園もない。それに蝶の命は短い。

虫塚

全国に虫塚があるが、多いのは蚕霊塚である。それが蚕神とされることは少ないが、安曇野市では蚕影《こかげ》大神の碑が道祖神とならんでたっている。同市にはほかに蚕影山大神、蚕太郎大神の碑などもある。蚕の宮として名高いのは太秦の木島神社である。丹波にも「アリの宮・蚕の宮」がある。東北のおしら様も養蚕の神といってもいい。虫塚としては蟻塚、蜜蜂の碑、蟬塚、しろあり供養塔などもある。ほかに田畑の害虫を駆除したさいに供養塔をたてた例が多数あり、佐賀では司蝗神の碑もあるが、千葉の長生村《ちょうせいむら》では江戸にむけて鳴く虫を出荷していた地域だけに、鳴く虫の供養碑となっている。最寄りの駅は外房線八積駅で、季節になるとこの駅から東京へ向かう車内は「虫の鳴き声で情緒豊か」であったという。またここは虫籠の生産地としても有名だった。ここの供養碑には謡曲『松虫』が引用されている。鈴虫塚は京都に、松虫塚は大阪にある。赤穂市にはトンボ塚もある。

かわった虫塚では山梨県北杜市のオオムラサキセンターにある虫塚がオオムラサキを祀っている。最寄りの駅日野春駅前には「国蝶オオムラサキの碑」もある。

蚕影山大神の碑（安曇野市豊科下鳥羽本郷）

蚕

前出のように、オオゲツヒメの頭が蚕になったという。なぜ頭なのかについては理由は示されない。胸でも、臀でも、へそでも、指でもどこでもよかっただろう。五穀のほうは目、耳、鼻、陰、尻と、八穴にできたことになっている。しかし『日本書紀』でも蚕は眉の上に生じている。

「ウケモチノカミのマユのうえに蚕生れり。口の裏に蚕を含みて、すなわち糸抽くこと得たり。これよりはじめて養蚕の道あり」ともいう。繭と眉の同音による想像であろう。

蚕起源神話にはワクムスヒ（ワカムスビノカミ）もある。「カグツチ、埴山姫を娶きて、ワクムスヒを生む。この神の頭の上に、蚕と桑と生れり」。

「かくあれば、養蚕の道はすでに神代にはじまり、ワカムスビノカミ蚕を飼う道教えたまい」という。

また「ワカヒルメノミコト斎服殿にいまして、神の御服を主どらせ給うとかや、故に此御神を、糸綿すべて、衣服加護の御神と崇め奉る」（『養蚕秘録』）。

蚊帳

蚊帳は『日本書紀』にでてくるが、庶民が使うようになっ

急な雷雨に蚊帳へ逃げこむ（喜多川歌麿『絵本四季花 夏の雷雨』）

江戸時代の幼児用の蚊帳（喜多川歌麿『幌蚊帳』）

たのは江戸時代で、紙の蚊帳もあった。また小型のもので、ゆりかごだけおおうもの、食卓の蠅を対象にした蠅帳もある。あるいは、野戦用に顔だけ防御した「防蚊覆面」なるものも日露戦争のころあった。蚊帳は今日ではめったにつかわれなくなったというが、網戸の発想は蚊帳とおなじだろう。エアコンが普及しても網戸はなくならない。蚊取り線香も、庭仕事用やガーデンパーティー用、あるいは携帯式のハイキング用などで依然として需要がある。

蚊帳は『四谷怪談』で重要な役を演ずる。伊右衛門が飲み代ほしさに、蚊帳を引きはがして行こうとする。お岩がそればかりはとしがみつく。それをむりに引きはがすと、お岩の爪がはがれて蚊帳についてきた。[12]

庚申講

古代、虫は神だった。エジプトのスカラベ（フンコロガシ、ヒジリタマオシコガネ）は太陽を押し上げる太陽神だった。日本の富士川のほとりでは、アゲハの幼虫とみられる虫が常世神として崇拝された。蚕もおしら様として祀られた。養蚕起源説話は神話の項で紹介した。

人間にとっての有用昆虫の筆頭は蜜蜂だ。逆に有害昆虫はペストを媒介する蚤だろう。情緒の世界ではマツムシ、スズムシなど秋の虫や、蛍がいたし、華麗な蝶もいた。その一方ではゴキブリ、ハエ、蚊、ダニなどが嫌悪された。蚊はマラリアを、虱は発疹チフスを引き起こした。カマキ

江戸時代の庚申講。飲み食い騒いで夜を明かしている

リ、トンボ、蟻はみじかな自然のいとなみをみせてくれた。
神話では蟻や蜘蛛への変身が語られた。蜘蛛は昆虫ではないが、神話世界ではほかの虫と区別はなかった。殺された女神は蚕に転生した。これらの神話は昔話から発展して神話になったものかもしれない。あるいはまた虫は庶民信仰の世界で祀られるうちに神話になったとも思われる。民間信仰と神話の中間として次のような説話がある。

中国では「富を求めんと欲するならば、石中の金蚕を得てこれを畜うに如くはなし」という。

金蚕とは黄金虫の幼虫のようで、「その糞をとって飲食のなかに置けば人を毒する」。ふんずけても、切ってもだめである。得た金銀の数倍の金銀をそえて路傍にすてて、拾う人があれば、その人のものとなる[13]。やがて体内にはいって内臓をくいつくす。ある人が銀器とともに金蚕をひろって、それがおそろしいものであることを知ってのみこんでしまった。すると何事もなかったという。

「金蚕を奉祀するからには年ごとに人を殺して犠牲にしなければならぬ。

日本の庚申講も三尸《さんし》の虫を祀る行事だろう。実際はこの虫が天へいって、人々の行いを告げるのを妨げようと、寝ないで夜をすごすのである。月待ち、日待ちなど、徹夜の集会をする講は各地にみられる。

この虫がどんな虫でなにを食べて生きていたのかは知られていないが、天へのぼるというからには羽化する昆虫にちがいない。庚申講は見ざる・聞かざる・言わざるの三猿信仰とつながっているが、三尸というからには、三猿の反対で、すべてを見聞きして天へいってそれを告げるものであるかもしれない。見ざる、聞かざる、言わざるというのは、さわらぬ神にたたりなしという類の、他人のものめごとなどにかかわるまいとする庶民の知恵だが、その思想の反対をしようとする虫がいるというのは、他人のことでもなにかと見聞きしたがる「覗き屋」根性があることをいうのかもしれない。それが姿の見えない虫となってわれわれの身辺にひそんで、我々のすること、考えていることを、見通しているとすれば恐ろしい。北欧神話ではオーディンの両肩にムニンとフギンという二羽の烏がいて、これが毎朝、

『地獄草紙』の膿血地獄に描かれた巨大な蜂（12世紀、奈良国立博物館蔵）

世界を飛びまわって世の出来事を見聞きしてオーディンに報告するという。それが虫になったようでもあり、そうでもないようでもある。オーディンの鳥は世界を飛びまわって戦争や災いを見聞きして報告する。庚申の虫は、個人の体内にいて、個人内奥の欲望や悪心を天に告げるのである。それを恐れるなら、見ざる・聞かざる・言わざるよりも、欲せず、邪心をいだかず、讒言をせずと心がけたほうがよさそうだ。つねひごろ人に知られては困るような悪心をいだいている人が、見ないでくれ、聞かないでくれ、言わないでくれと願っているのであって、庚申講とは、人に知られぬ罪のかたまりのような人間たちが集まって、口をぬぐって、おこないすました顔をしている集いであろう。しかし天の使いは蠅や蚊になって家の中へはいりこんで、悪事を見とどけ、さらには体内の寄生虫となって心内の悪を暴きたてる。三猿は、たがいの悪行を見ぬふり、知らぬふりをするようにしめしあわせる悪人どもの取り決めをあらわすものだろう。[14]

昔話では蜂や蚤が、眠りこんでいる主人公、あるいは神の使いを目覚めさせる。

松浦誠の『スズメバチはなぜ刺すか』（一九八八）にスズメバチの信仰があることが報告されている。軒下にスズメバチが巣を作ると縁起がいいという。

またスズメバチが怨霊と化して役人などを襲う話が各地にあるという。

三、中国の民俗

雲南の山岳民族ハニ族

蠱となると、もはや蛇でもムカデでも、蝦蟇の本性を失い、霊異な性質の不思議な邪虫となる(『中国の憑きもの』)。

雲南省大理盆地のペー族

「ピヨ」は動物、家畜、蛇の動物霊や、蝶、バッタなどの虫霊である。道端に紅布や、銀を置いておき、それを拾った者に蠱を移す。

百虫を皿の中に置き、互いに食わせ合い、生き残ったものを蠱とする。五月五日にこれを行う。

この蠱の涎や糞をとって人を毒する。これが蠱毒である(同前)。

それに対して日本の犬神などは、地面に穴をほって犬を首まで埋め、鼻のさきに肉などをおいておくと、飢えのあまり食欲の権化となる。それを斬って祀ると犬神憑きになり、人に犬神を憑かせることもできるというが、この場合、蠱毒とはちがって、実際の毒を使うわけではない。

唐の太宗は蝗の害をのぞこうと、畑におりて蝗を何匹ものみこんだところ、蝗は太宗の威徳におそれ、一夜にして姿を消した(『サネモリ起源考』)。

南宋時代の随筆『鶴林玉露《かくりんぎょくろ》』によれば、「蝗は戦死の士の怨恨の化する所」である(中山太郎「人が虫になった話」)。

『酉陽雑俎《ゆうようざっそ》』

兄弟がいて、兄は弟に蚕と穀物の種をもとめた。弟はそれらを蒸して与えた。それぞれ一匹と一株だけ育った。蚕は牛ほどの大きさになった。弟がそれを殺した。すると百里四方の蚕が飛んできた。鳥が飛んできて穀物の穂をくわえていった。あとをおうと岩の割れ目のところへきて、鬼の子供たちが金の錐で岩を打ってほしいものをとりだして遊んでいるのを見た。やがて鬼の子たちがいなくなったので、その金の錐をとって帰ってきて富み栄えた。弟が真似をして、鬼につかまって鼻を象のように引き延ばされ、死んだ。

中国では赤瘡をわずらうことが蠱である。人が死にかかったとき、虱が離れる。虱が病人の方へむかえば快方にむかう。反対の方へむかえば死ぬ。

郎巾は虫である。両端に光があり、黄色を帯びている。これを火に投ずるとうごめく。それと同時に盗人の顔がぴくぴく動く。南方熊楠も似た例をあげている。

青蚨は蟬に似た虫で、これをとって銭に塗ると、その銭はかならず戻ってくる（『捜神記』）。

ものを食べて水分を飲まないのは蚕である。水分を飲んでものを食べないのは蟬である。水分を飲まず、ものを食べないのは蜉蝣である。

四、その他の地域

唐の玄奘三蔵の見聞によれば、ガンダーラ国には蟻がつくった仏像がある（『西域記』）。

トスカーナ地方では夜の蜘蛛は幸をもたらし、朝の蜘蛛は災いをもたらす。地方によってはこれが逆になっている（グベルナティス）。

アファナーシエフの『ロシア民話集』には蜘蛛の巣にかかったスズメバチが、放してくれたら子沢山にしてやろうと言って助かった話がある。同書には蠅や蚊を集めて家畜と交換した少年の話などもある。

フィンランドの民話では蜜蜂が天空へ飛んでいって神々の住まいから蜂蜜をとってきて、刀傷や火傷を治す話があり、これは「カレワラ」で、レンミンカイネンを蜂蜜で生き返らせる話に通ずる。

コーカサスのチェルケスの伝承では、蜜蜂だけが楽園からおりてきたという。

アフリカのボツワナでは、ダイヤモンドが発見されたのは蟻のおかげとされる（『昆虫 この小さきものたちの声』）。世界最大のダイヤモンド埋蔵量を持つといわれるボツワナのジュワネング鉱山は、もともとカラハリ砂漠におおわれていたのだが、そこにあった蟻塚に注目し、蟻が地中から運んでくる砂粒を分析したところ、ダイヤモンドの存在を示唆する鉱物の発見に至ったという経緯があるためである。蟻は地下の秘密をしっている。

また、蟻は地震を予知する（同前）。

メキシコで、蝶の女神イツパパロトルはケツァルコアトルの母である。

ボツワナ経済の中核となっているダイヤモンドの鉱床

メソアメリカのテリェリアーノ・レメンシス絵文書に描かれた蝶の女神イツパパロトル

五、昆虫食

いずれ食糧生産が人口増においつかなくなったら昆虫食がまじめに論じられるようになるだろうという。いまでも日本では蜂の子や蝗を食べている。東南アジアではタガメなどが大量に消費されている。そもそも「レヴィ記」に「羽があって四つの足であるくすべての這うもののうち、その足のうえに跳ね脚があり、それで地の上を跳ねるものは食べることができる」とある。バッタの類とみられる。アフリカでは多くの地方で毛虫をあげものにして食べる。ブッシュマンは蟻を食べる（『昆虫大全』）。「白アリは、国土が蟻塚でできているようなアフリカでは全土で人気のある食材で、焼いたり乾燥させたり油で揚げたりする」（同

タイ、バンコクの市場で見られる昆虫料理の屋台

信州で販売されている蜂の子の佃煮缶詰

前）。ポリネシアではヤシオオオサゾウムシの幼虫を好んで食べる。かるく炙ったものが美味であるという。ただし皮がかなりかたく噛みきれないのが難点だともいう。しかし蜜だけを食べている蜜蜂の幼虫がおいしいように、ヤシの樹液だけを食べているヤシオオオサゾウムシも清潔で、かつヤシの実の味がするにちがいない。蝗も米ばかり食べている虫でコメの味がするというのと同じである。チーズにすみついた蛆虫もチーズの味がする。その点、雑食性のゴキブリなどとは話がちがうだろう。が、これも翅と手足をむしってむき身にすると「小エビのようにおいしい」（小西）そうである。逆にいえばエビなども生きて動いているところを見ると昆虫とかわりなく見える。車エビのむき身などもカナブンの幼虫のように見える。問題はなにを食べて生きているかだろう。フンコロガシだと、牛の糞を食べてそだっている。これとヤシの樹液でそだったヤシオオサゾウムシでは味がちがう。

動物は総じて草食動物が味がよく、肉食獣はまずいという。昆虫は草食が多いが、鳥に食べられないように毒をもっている虫もいて、どれでも食べられるわけではない。赤や黒のあざやかな色の虫は警戒したほうがいい。その食べかたも、身をしごいて糞をおしだしてから食べるものもあれば、油でからあげにして、食べるものもある。アクのある草やタケノコなどをアク抜きをして食べるように、なんらかの下ごしらえが必要なものが多いようである。私も一度さやいんげんを茹でたものをかじって、鞘のなかにはいっていた芋虫を知らずに口にしたことがあったが、まさに口がひんまがるように苦くてひどい目にあったことがある。きのこなどと同じく、食べられる虫と食べられない虫を見分ける必要があり、食べられる虫でもしかるべき下ごしらえと適切な料理法が必要だろう。鳥でも毒虫を外見から見分けて、毒があるもの、苦いものは食べないのである。

六、病害虫

蚤、虱、ダニ、南京虫は第二次大戦後のＤＤＴ散布で一掃されたように思われたが、欧米の大都会でもしぶとく生き残っており、かなりしっかりしたホテルに泊まっても南京虫にくわれたりすることがある。世界中からさまざまな人間が欧米の大都会にやってくる。そのなかには蚤、虱、南京虫がいまだに大多数の人にたかっている地域から来る人たちもいる。ホテルでも南京虫をもった客を、それと見

アメリカ、オレゴン州での
DDTの空中散布（1955年）

抜いて断るということはしたくてもできないのである。税関でも、病害虫は入れないようにするのが建前でも、南京虫をチェックするのは難しい。一国単位で衛生害虫を退治しても虫たちは国境を軽々と越えてくる。これはゴキブリでも同じで、いかに室内を清潔にみがきたてていても、隣家からやってくる歓迎されざる害虫を排除することはできない。朝一番にドアを開けるとドアの前でまちかまえていたゴキブリが飛び込んできたりする。害虫が国境を越える例では、街路樹にたかるアメリカシロヒトリなどでも同じことで、最初は卵ひとつかふたつが荷物にまぎれて入ってきたのである。それがあっという間に爆発的にふえて、街路樹を丸裸にした。アメリカではヨーロッパからきたマイマイガが全国に拡がって手を焼いている。DDTで一時は退治したように思っても、DDT耐性のある虫が出てくるし、養蜂業者などが、DDTの空中散布に反対する。エコロジストも大反対で、フェロモンを使った作戦も思うようにいかない。果樹栽培業者はチチュウカイミバエに悩まされている。いずれも一国単位で駆除しても、国境を越えて陸続と、あるいは空中を飛んでやってくる虫にはお手上げである。

蚤や虱はそれ自体が病気を起こすわけではなく、病原菌を運んできて、それが病気のもとになる。蚤がペストの原因であり、虱が発疹チフスの、蚊がマラリアの原因だといっても、病原菌をもっていない蚤や虱であれば、食われても病気には感染しない。という意味では、人間でも病原菌を運んでくる陽性・陰性のあらゆる病気の患者がいて、なんらかの接触でその病気に感染する場合には、その人を「病害人間」ということができる。ほかにはツェツェバエが病害虫とされるが、おなじように吸血性でもブヨやアブはなんらかの病原菌を媒介するとはされない。南京虫も比較的害が少ないようである。ただこれにくわれると二、三日はくわれたあとが腫れあがる。

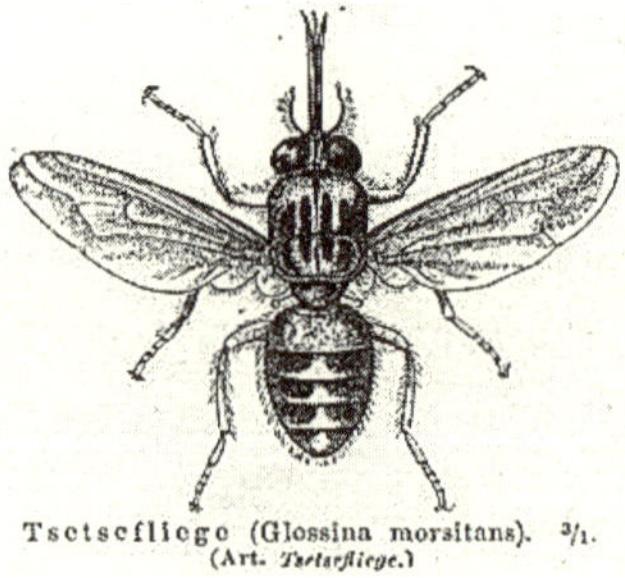
Tsetsefliege (Glossina morsitans). 3/1.
(Art. Tsetsefliege.)

『マイヤーの百科事典』より
ツェツェバエの図（19世紀末）

蠅と腸チフスも関係がある。その他、疫病をもたらすわけではないが、ツチハンミョウの毒であるカンタリジンは少量であれば媚薬や強壮剤に使われ、少し分量を増やすと致死毒になる。

ゴキブリは血も吸わないし、ペスト菌も媒介しない。それでも目の敵にされる。「ゴキブリを捕らえて、なにがしかの小銭といっしょに紙に包み、それをよその人に進呈する。すると、ゴキブリはその人の家に移りすむ」（小西正泰『虫の文化誌』）。これなどは中国の蠱毒退散の方法を思わせる。蠱毒と同じようにするなら、小銭ではなく、少し金目のものを箱にでもいれ、ゴキブリも一緒にして道端においておくといいかもしれない。たいてい、だれかが持ち去ってゆくのである。あるいは小包にして何かのプレゼントをゴキブリごと送りつけるという方法もある。新築で厳重な警戒をしている家でもゴキブリがすみつかない家はない。流しの後ろなどにはたいていの家で、ゴキブリ族が繁殖している。新幹線や飛行機でもゴキブリが走り回っているのである。宇宙ロケットでもゴキブリがはいりこんでいるかもしれない。ゴキブリもコオロギのように歌を歌えば大事にされるだろう。ゴキブリを「歌を忘れたコオロギ」だとみなせば、憐れにも思えるのではないだろうか。蚤や虱ではそうはいかない。「佳き声を　もし持つならば愛さるる　虫かと言ひてごきぶり叩く」斎藤史。「ゴキブリがもう少し美しく、かわいらしく生まれついていたら、これほど嫌われ、目の敵として殺されずにすんだであろう」（『昆虫博物館』）。ゴキブリを少し擁護し過ぎたようだから、ひとつだけ言っておくとゴキブリは小児麻痺のウイルスを運ぶそうである。

一四八九年カスティリア軍がグラナダを包囲したとき、発疹チフスで一万七千人が斃れた。一五二八年フランス軍がナポリを包囲したときは二万一千人が同じく発疹チフスで倒れた。一八一二年ナポレオンのロシア遠征では一万人が発疹チフスで倒れた。もっともこの時は寒さと飢餓による死者も膨大な数にのぼっていた。第一次世界大戦ではセルビアで十五万人が発疹チフスで死亡した。ロシアでは革命後の四年間に二千〜三千万の罹病者がでて、その一割が死亡した。レーニンがそこで「社会主義が虱を打ち破るか、虱が社会主義を打ち破るか」と言った（以上、小西正泰『虫の文化誌』）。

それに対してペストのほうは桁が違った。六世紀にはユスティアニアヌス一世の西方大遠征で東ローマ帝国の住民の約半数が、死亡した。一三四七年から四九年にかけての大流行では二千五百万人が犠牲になった。一六六五年にはロンドンで大流行し、七万人が斃れた。一八五五年にはじまった中国の流行は二十世紀初頭まで続き、一千万人が死んだ。日本は鎖国政策をとっていたおかげで、ペストの蔓延からはまぬかれた（同前）。

昆虫による病気としては蚊によるマラリアもある。ギリシャが紀元前二世紀にローマに屈服したのはマラリアのせいだという（同前）。日本でも「わらわやみ」と呼ばれて、おそれられた。道長も清盛もこれにかかった。マラリアが蚊によって媒介されることはロナルド・ロスによって一八九七年につきとめられた。犬などのペットがかかるのはフィラリアで、これも蚊が媒介する。

III　昔話の虫

小林清親《鶏と蜻蛉》1880年

身近な小動物が主人公になることが多い昔話で、昆虫が主役を演ずることが少ないのは意外に思われるかもしれない。しかし動物昔話で多いのは猿、狐、猫、兎、蛙、亀、あるいは烏、雀で、蝶やトンボの昔話はあまりないのである。それでも蚤、虱はかなりあり、蟻、蜂も少なくない。主人公の冒険を助ける「援助者」としては蜂や蟻が結構活躍し、蟻はさまざまな種類の穀物を仕分けしたりするし、蜂は同じような娘たちのなかから、いいなづけを当てなければいけない試練にやってきて、当の娘の上でぶんぶん飛んで合図をしたりする。悪者を蜂が刺して退治する話もある。蟻も鉄砲打ちを噛んで的を外させたりする。蚤の昔話ではこんなものもある。蚤を大きくしてその皮をはぎ、なんの皮か当てさせていた王様がいた。

「藁しべ長者」の挿絵（柳田國男『日本昔話集』1916 年）

一、日本の昔話

夢見長者

寝ている男の鼻から蜂が飛びだしていって、しばらくしても戻ってきた。目をさまして、宝物の隠し場所へいった夢をみたという。それを聞いて、その夢を買いとって、夢で指示された場所をほると宝物がでてきた。世界各地に伝わる昔話を類型ごとに整理したアアルネとトンプソンによってAT1645Aとして分類され、世界的に知られている昔話である。[5]

だんぶり長者ではトンボが夢で、酒の泉をおしえる。だんぶりというのは津軽のほうの方言でトンボのことである。一般に蜂のほうが多いが、これは蜜蜂が蜜のあるところをみつけて仲間にしらせる習性をもっていることからきているだろう。「藁しべ長者」でも藁しべにトンボをつけて歩いていて、それを果物などと交換し、つぎつぎにより高価なものに交換していって長者になったという。

鹿児島の話では、イワシ売りが寝ていると蜂が鼻のなかにはいる。それを見ていた男がたずねると、寺のうしろに金箱が埋まっている夢をみたという。それをきいて、寺のうしろにゆくと金箱がある。眠っていたほうの男がその金を半分もらおうとすると箱に「一対」と書いてある。そこで前の寺のうしろへいって地面をほるともうひとつの金箱があった（『日本昔話大成』より）。

これらの話では蜂なら鼻の穴へももぐりこむ。トンボではさすがにはいらない。寝ているあいだに鼠が口から飛びだして水をのんでくるという話もあるが、人が死んだときに鼠が口から飛びだしてどこかへいってしまうというのは、人の魂が鼠になったのだろう。これはどちらかというと西洋の話だが、日本では死者の魂が蝶になって口から飛

江戸時代の養蜂（『日本山海名産図会』より、熊野名産の蜂蜜）

んでゆく。蜂の場合は鼻の穴にもぐりこむので、死者の魂とは別である。蜂が飛んでゆくあとをつけていって蜂蜜を発見する場合もあるから、蜂の導きで金箱をみつけるというのは理にかなっているともいえる。ただし蜂蜜を売って長者になったという話は聞かない。ニホンミツバチでは商売になるほど蜜はとれなかったのかもしれない。日本で養蜂がさかんになったのは明治以降、イタリアなどの西洋種の蜜蜂を導入してからである。

金蝿になった魂（沖縄）

マガリの海の神様が陸にあがって、あの高いところの家の灯りがまぶしい。あそこの娘の魂をとってこなくてはいけないといって、途中、金蝿がいたのでそれをつかまてくる。ある人がその神様とあって、金蝿をもらって、その高いところの家へゆくと、娘が死んだといって泣いている。そこで金蝿を娘の鼻におしこんでやると娘が生き返った。男はその娘と夫婦になって幸せに暮らした（『日本の民話』より）。

アブと手斧

産神問答のひとつ。生まれた子がアブと手斧の運をもっている。大きくなって大工になるが、ある時、アブのせいで手元がくるって手斧によって命を落とす。「子供の運」の話。

鷺と鳩と蟻

鷺と鳩が金を拾ってあらそった。そこへ蟻がきて、「鷺は三文、鳩八文、あとは蟻がありったけ」といって仲裁した。蟻と蜂では、ニシンをひろった蜂が「二四が八（蜂）」といってとり、ついで鯛をひろうと、「ありがたい（鯛）」といって蟻がとる。

蜂の援助

長者の娘の婿になる試練で、蜂が助けてくれる。同じ様子をした女たちのなかから長者の娘を当てる試練では、その娘の頭の上で蜂がブンブンうなって知らせる。出羽地方では「アブの恩返し」として、長者の家の杉林の本数をかぞえたり、娘のいる部屋をおしえたりする。那須与一《なすのよいち》が蜘蛛の巣にかかった蜂を助けてやって金銀のほか、鏑矢をもらったという話もある。この矢が百発百中の矢だったのかもしれない。

蜂の援助　その二

殿様が戦に負け山中の木の穴にかくれる。穴のそばの蜘蛛の巣に蜂がかかっているのを助けてやる。翌日、若者がきて、きのうの蜂だといい、加勢するから戦いを再開しろという。城に帰ったら瓢箪、壺、瓶などを用意しろという。その瓢箪や瓶から無数の蜂がでて敵をさす。敵は退散した（『日本昔話大成』より）。

蠅の援助

後醍醐天皇が賊に追われて山の中へはいり、藪の中で寝ていると蠅が顔の周りを飛ぶ。目をさますと、敵が近づいていた。蠅のために難をのがれた（同前）。

蟻通しの逸話（『和泉名所図会』より）

蟻通し明神

玉に七曲がりの穴があって、それをとおして糸をとおす難題を糸をつけた蟻がとおって解決する。中国の皇帝からの難題ともいい、また棄老伝説との接続もみられる。老人は捨てなければならないという掟にそむいて、縁の下に隠していた老人が解法をおしえるのである。中国では日本にも賢人がいるのに驚き、認識をあらためたという。

賢淵の蜘蛛

水辺で釣りをしていると蜘蛛が水からでてきて、釣り師の足に糸をかける。それを傍の木にむすびなおしておくと、やがて蜘蛛が糸をひいて木を水底にひきこんだ。そして「賢い」という声が聞こえた。水中の蜘蛛の怪である。中村禎里は蜘蛛自体を水怪とする。フランスの小説家マルセル・ベアリュにも『水蜘蛛』がある。[02]

蜘蛛型くわず女房

ものをくわない女房をさがしていると、見知らぬ女がやってくる。飯をくわないというので女房にするが、米がどんどん減ってゆく。あるとき、山へゆくふりをして隠れてみていると、大釜に米を炊いて、頭のてっぺんの口へ握り飯をどんどんほおりこんでいた。そこで中へはいって問い詰めると女は蜘蛛だった。[03]

この話はヴァージョンによっては山姥だったともいい、また蛇女房だったともいう。「頭のてっぺんの口」というのが、魚や蛇の形態を思わせるというが、昆虫の幼虫もたいていはするどい口器をもっていて、木の葉などを貪欲に食害する。蜘蛛でも口が頭の先についている点はちがわないが、イメージとしては頭のてっぺんから底なしに貪り食うというのはむしろアゲハの幼虫などだろう。これにたかられると、あっというまに木が丸裸になったりする。

蜘蛛の怪異では中村禎里がいくつか紹介している。ひとつは京都の一条戻り橋に化け物がでるというので、ある武士が待っていると座頭がきた。平家などを語らせていると眠くなったので、怪しいとばかり切り殺すと蜘蛛になった。

ある男が加賀へ下り、宿の娘と懇ろになった。ところが娘と同衾しているときに、勝手のほうに同じ娘が働いていた。一緒に寝ている女が怪しいというので、刀で刺すと逃げていったが、追いかけてゆくと山中の洞穴で蜘蛛になって死んでいた。

これらの怪異について中村は本来は蜘蛛ではなく、タヌキか狐ではなかったかといっている[04]。

コオロギの報恩

栗の実を食べていて首が抜けなくなったコオロギを助けてやる。コオロギが殿様のところへいって、「甲斐の国の甲斐二郎に知行やらずば、殿様の首はちんぎれる」と歌い、恩返しをする。キリギリス、カマキリのこともあり、三原幸久は原話はカマキリだろうとするが、歌をうたう点では鳴く虫でなければならない。小西正泰の報告では、子供がいじめていたコオロギを助けてやった太郎兵衛にコオロギが恩返しをした。「太郎兵衛さんはよいじいさん　知行を百石くださいな」と殿様の前で鳴いたという。

中国ではコオロギを戦わせる遊びがある。小西はこれを

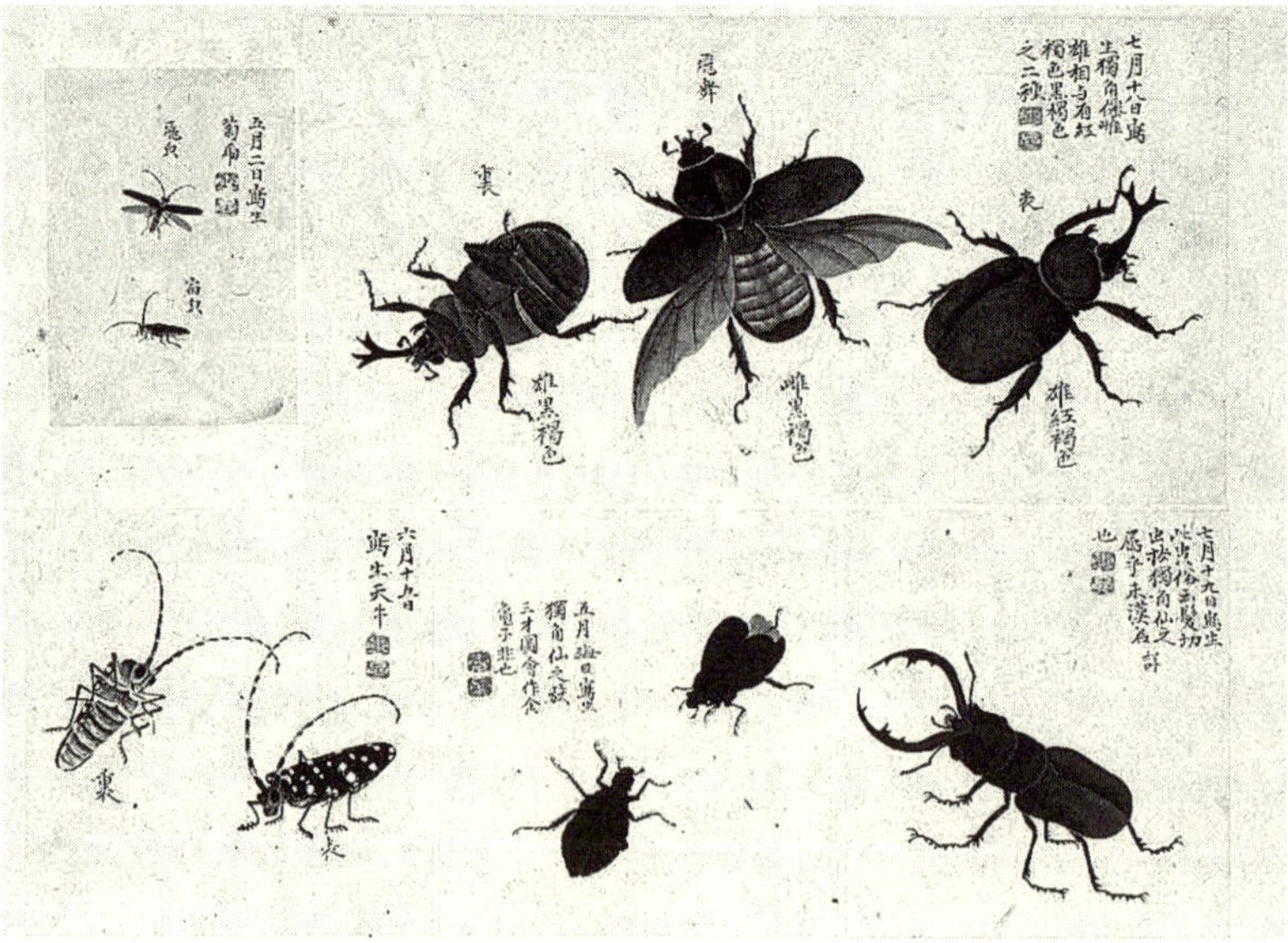

増山雪斎『虫豸帖（ちゅうちちょう）』より、カブトムシ、クワガタ、カミキリなどの図（江戸中期、東京国立博物館蔵）

「秋興」と呼んでいる。闘蟋ともいう。

小西が紹介した昔話で、中国の「コオロギになった子」の翻案かといわれる話に、「カブトムシの好きな殿様」とでも題する話がある。殿様はカブトムシが好きで、カブトムシ同士で戦わせる「虫合わせ」をおこなっていた。藩内はみなそれに夢中になって、武芸や学問がおろそかになった。さる侍がそれを憂えて、先祖の墓に詣でて、なんとかしてほしいと懇願した。すると一匹の大きなカブトムシが飛んできた。侍はこれ幸いとそれを籠にいれて虫合わせを期していたが、子供がそれを逃がし、あまつさえ、あわてて踏みつぶしてしまった。大変なことをしたと思った子供は古井戸に身を投げたが、家人が引きあげてみると胸に小さなカブトムシがついてきた。虫合わせの日になった。侍はそのカブトムシをもって虫合わせに参加し、殿様のカブトムシを倒したが、殿様の勘気をおそれて自分のカブトムシを刀で刺し殺した。それを見て、侍の志を察した殿様は深く悔悟し、カブトムシ狂いをふりすてたという（『虫の博物誌』）。

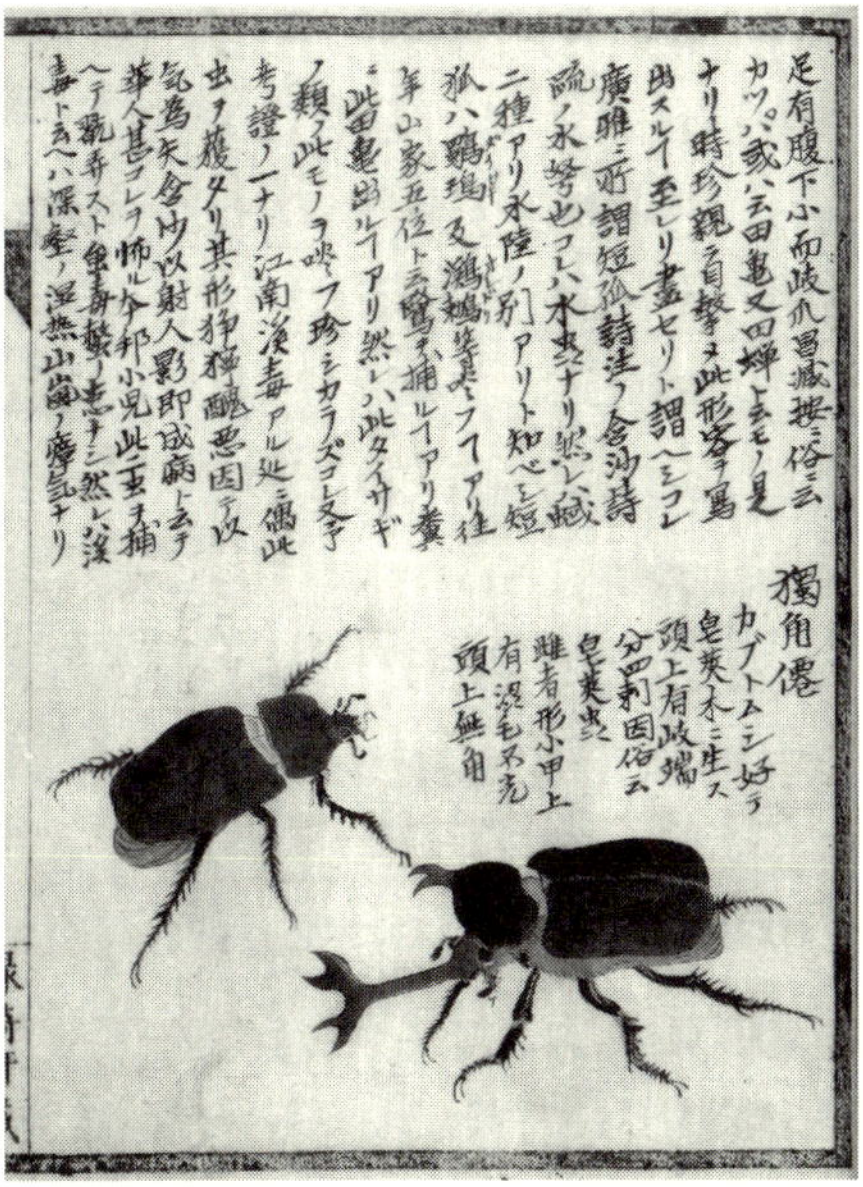
栗本丹洲『千虫譜』より、カブトムシの図（国立国会図書館蔵）

虫合わせだけではなく、鳥の鳴き合わせもあれば、椿や菊の品比べもあった。泰平の世になって諸国諸大名や侍たちは、武芸の稽古もおろそかにして、虫や花に夢中になっていたのである。そこからは『千虫譜《せんちゅうふ》』などの博物学的な著作も出たが、昆虫の生態観察は発達しなかった。所詮、侍たちの暇つぶしだったのである。

鈴木春信《蛍狩》

蛍

蛍の民話では秋田の伝承を小西が紹介している。大曲の川目に強盗が住んでいたがついにとらえられて磔になり、女房と二人の子どもが生き埋めにされた。「するとその夜から九郎兵衛の火の玉が飛ぶようになって、道行く人たちをおどろかした。また生き埋めになった親子三人の魂も、仏の慈悲がほしい一念から一丸の蛍火となって、あたりを飛びまわった」。それをあわれに思った寺の僧がそこに塚をたてて経を読んだ。すると「たくさんの蛍があつまってきて、経文を照らすかのように飛びまわった」（小西正泰『虫の文化誌』）。以来、そこは蛍の名所となったという。朝鮮では、金持ちの娘にかなわぬ恋心をいだいた青年が死して蛍になり、娘の寝室を夜な夜なおとずれたという（同前）。

虱の質入れ

ある男が綿入れを質入れする。番頭が綿入れ一枚、虱三升と書いた質札をわたす。翌日、男は綿入れを質受にきて、質札どおり虱を三升かえせといって困らせる。

蚤と虱

蚤と虱が伊勢参りをした。どちらが先につくか競争をしようということになる。さっそく蚤はぴょんぴょんとはねだした。虱は旅人の着物にたかった。結局、虱が先についた。蚤はおこって真赤になり、虱の背中をどやしつけて、それ以来そこだけ黒くなった。この話は広島、高知、滋賀にある。長岡の例では兎と亀の話と同じように、早足自慢の蚤が油断をしているうちに虱が先へゆく。

蚤と蠅の由来

村人が鬼をつかまえて焼き殺した。鬼の鼻汁から蛭ができ、血が蚤になり、灰が蠅になった。

蚤と虱の喧嘩

蚤と虱が喧嘩をして、蚤が大石を虱の背中にぶつけた。その石がはねかえって、蚊の後足にぶつかった。蚤は石をもちあげるのに頑張ったので赤くなり、虱の背中は石があたって黒くなり、蚊の後足は曲がってしまった（『日本昔話大成』）。

虱と蚤の相撲

あるとき虱と蚤が相撲をした。蚤は虱のまわりをぴょんぴょん飛んでいるうちに、あやまって石の上から川に落ちて負けた。

蟻と鳩

蟻が風にふかれて池に落ちてアップアップしていると鳩がそれをみて、木の葉をくわえてきて、蟻を助けた。その後、鉄砲打ちが鳩をねらって鉄砲を打とうとしているのを蟻がみて、鉄砲打ちの足を噛んだ。鉄砲打ちはびっくりして手元がくるって弾がはずれてしまった。

報恩譚だが、洪水の水を板切れにのって漂流しているあいだに、蟻や蛇をすくって板切れにのせてやったあとで、人間を助けてやると、助かったあとで、動物たちは恩返しをしたが、人間はかえって助けた男を罪に落として牢にいれてしまった話がある。その場合も蟻その他の動物が人間を助けだす。

狐と熊

狐が熊をだまして蜂蜜をとりにゆく。蜂がおこって熊におそいかかっているあいだに、狐がまんまと蜂蜜をとってゆく。フランスの『狐物語』にあるが、日本でも岡山などで語られている。

蟬の由来

木こりが四、五人で山へいって木を切って、藤蔓でゆわえて山からおりる途中、藤蔓が切れて、みんな谷へ落ちて死んで、蟬になった。それでいまでも鉈《なた》鉈《なた》鉈《なた》と鳴く。

ツクツクボウシについては小西の紹介する話がある。筑紫にむかし一人の少年がいたが、家がまずしく、遠くの町に働きにだされた。夕方になると故郷が恋しく、木にのぼって故郷のほうを見ながら泣いていると、だんだん体が小さくなって蟬になった。そしてツクシコイシ、ツクシコイシと鳴いている（『虫の博物誌』）。

鳥の歌の聞きなしでも、オットウ鳥は「夫恋し」となくなどというが、蟬やコオロギなどの聞きなしでも、日本では哀話が多い。が、同時に日本では万物に感情があり、声があるという思想がゆきわたっていたのだろう。そのもとは、輪廻転生の思想であり、昆虫も前世では人間であったとするなら、いずれもなんらかの哀話がつむがれたのであろう。

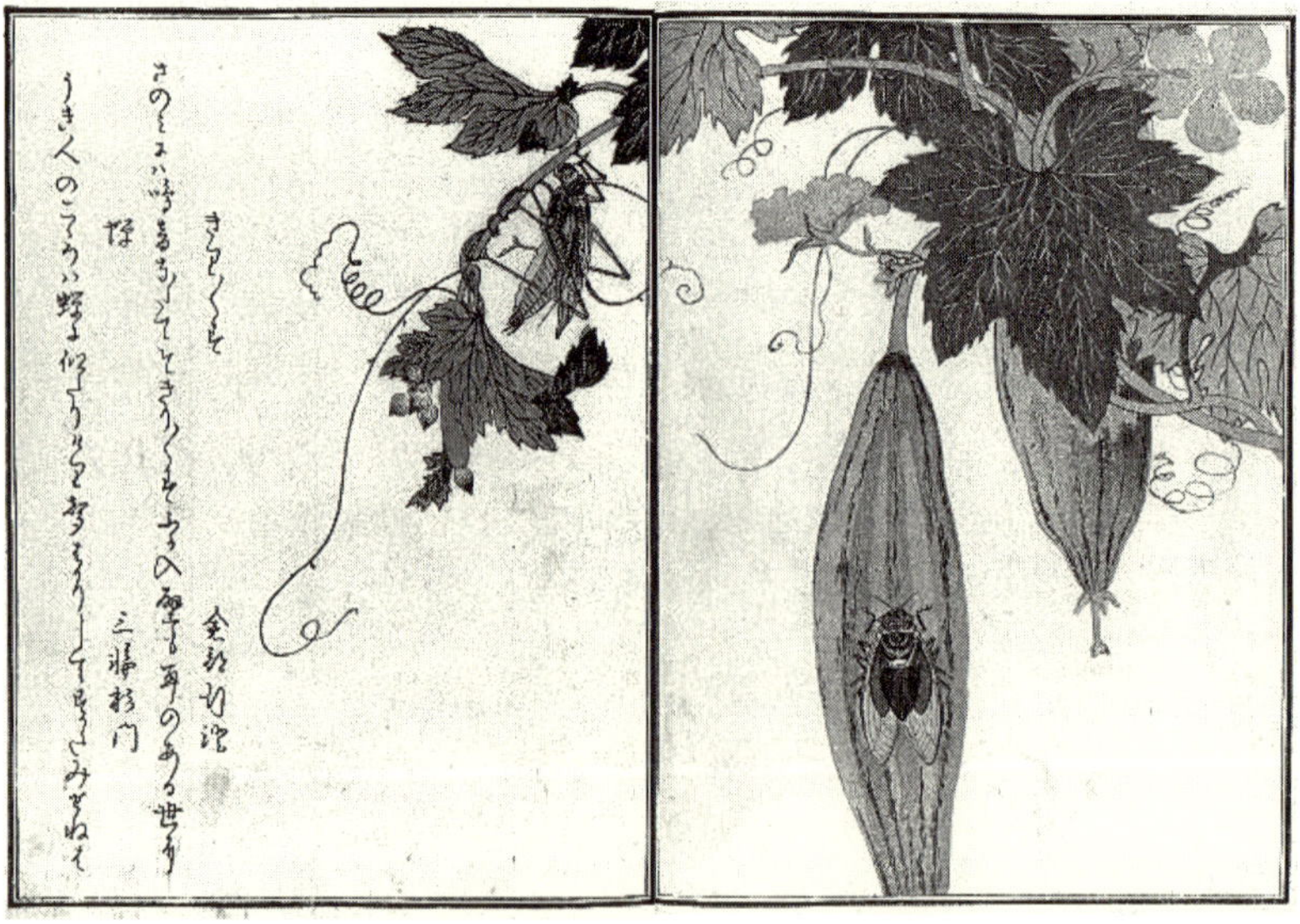

喜多川歌麿『画本虫撰』（1788 年）より、蟬ときりぎりす

蚤・蚊の起源

蚤や蚊の起こりとしては鬼を捕らえて殺し、焼いてその灰をまくとそれが蚊になったという。あるいは「天道さん金の綱」で、綱が切れて落ちて死んだ鬼の腹から蚤と虱がわいたという（『日本昔話事典』）。蚊をめぐる俗信では、正月に羽根つきをすると、その年は蚊に刺されないという。羽子が空中でトンボ返りをして落ちてくるのを、蚊をくうトンボに見立てたものという（『虫のはなしⅢ』）。

蜂

蜂の昔話では「蜂の援助」「蜂出世」などがある。蜂が眠っている男の鼻から飛んでいって、そのあいだ、蜂が宝をみつけてくる夢をみる。その男の夢を解いて、財宝を発見する話、長者に課された難題を蜂の援助で切り抜ける話などがある。宝物のありかをおしえるというのは蜜蜂が花の蜜をさがしてきて、巣箱の前でダンスをして蜜のありかを仲間におしえることからきているかもしれない[05]。

二、外国の昔話

フランスの昔話

フランスのガスコーニュの昔話では妖術師が一人の少年をインゲン豆くらいの蚤にかえてしまった。しかし少年は言葉が使えたので、粉屋の娘に、妖術師が彼女の髪の毛をどこへかくしたかをおしえてやった。昔話では魔術的変身の話は多いが、昆虫になるのは少ない。しかし蠅や蚤になって王女の寝室や宝の蔵にしのびこむというのはよくある。また、ペルシュ地方の昔話では蜘蛛の巣につかまった蠅が美しい妖精にかわった。妖精が蝶になって遊んでいて蜘蛛の巣にからまった話もある。蜜蜂マーヤも蜘蛛の巣に捕らえられる。オーノア夫人の創作民話では、冷たい娘がバッタになり、女に興味のない王子はコオロギになる。ワロンでは魔女が蜘蛛になって子供たちを餌食にしていた。あるとき、子供が生まれたときに巨大な蜘蛛がゆりかごの方へ近づいてくるのをみた父親が斧で、蜘蛛の足を切り落とす

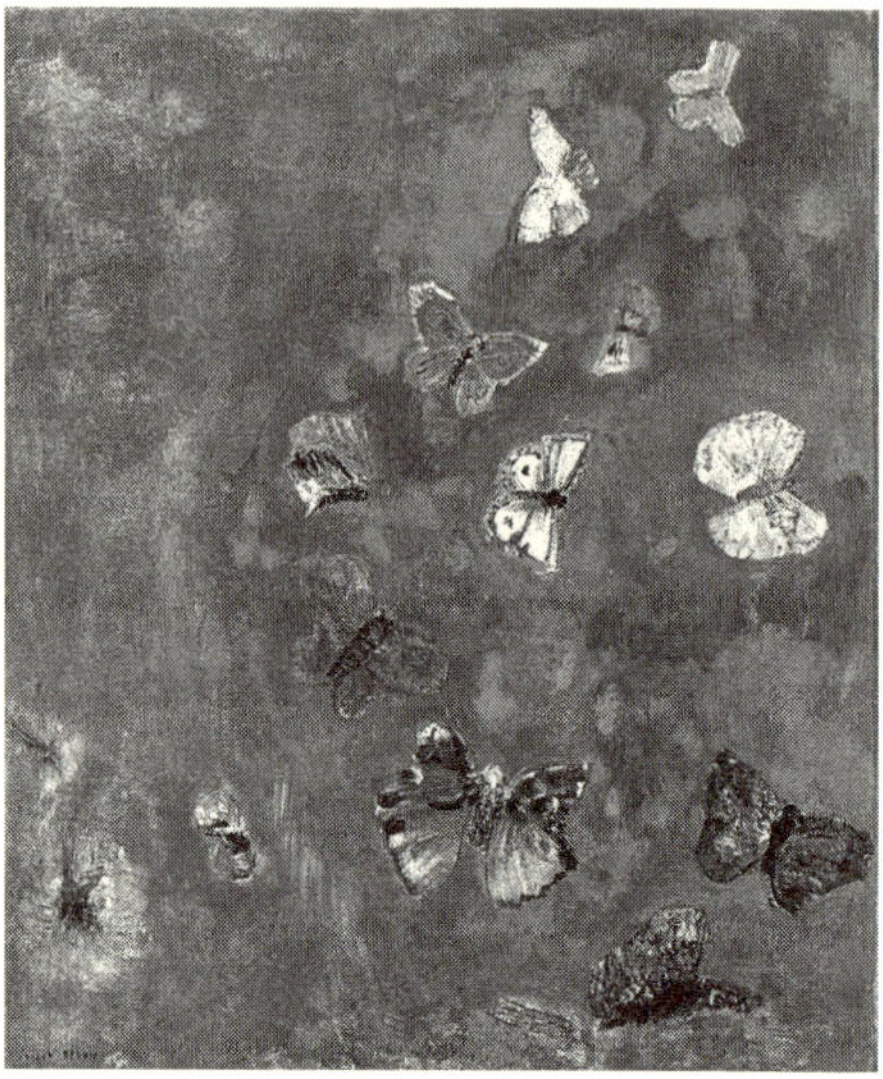

オディロン・ルドン《心に浮かぶ蝶》
1910-12 頃、デトロイト美術館蔵

と、蜘蛛は逃げたが、男の母親が足を切られたといってうめいていた。これは人狼伝承でよく語られるタイプの話である。低地ブルターニュでは、夜中になると人の寸法になる化け蜘蛛がいて、人を絞め殺すという。高地ブルターニュでは蜘蛛が歌うという。あるいは時計の振り子のようにチックタックという。蟬が鳴きだすと、麦の刈り入れをはじめるように催促しているように聞きなす。

死者の魂が蝶になって飛んでゆくのは日本も含め世界中で語られる話だが、フランスの低地ブルターニュでは魔女の魂が、彼女が眠っているあいだに口から黒い蝶になって飛びだして禍をまきちらすという。しかし魔女の身体を眠っているあいだに動かすと、蝶は戻れず、魔女は死んでしまう。もちろん行いの正しかったもの、あるいは聖人であれば、死にぎわにあらわれるのは白い蝶である。聖ヴァンサン＝フェリエ[90]が死んだときは無数の白い蝶がやってきたという。人々はそれを天使が聖人を迎えにきたのだと信じた。中部フランスでは、「青髭」の民衆ヴァージョンで、青髭の犠牲になる娘が時間をかけて着ているものを脱いでいるあいだ、仲間の娘が塔の上から見ていると、白い蝶がやってきて、人間の姿になって城へはいってきたという。オーヴェルニュでは蛍は洗礼を受けずに死んだ子供の霊であるという（以上、セビヨ『フランス・フォークロア』より）。

蜜蜂の女王（グリム）

三人兄弟が旅にでて、蟻の巣や蜂の巣をこわそうとするが、三人目のおろかものが反対する。城につくとみんな眠っている。小人だけが起きていて、三人兄弟に試練を課す。森にちらばっている千粒の真珠を拾うこと。これは蟻が恩返しで手伝ってくれる。三人の王女の部屋の鍵を海底から拾ってくる。前に助けた鴨が拾ってきてくれる。その三人の王女のうち、蜂蜜を舐めた王女をみつけること。これは蜜蜂の女王が助けてくれる。いずれも、三人目のおろかものが動物の援助で試練をなしとげ、眠りの城は目をさます。

獣と昆虫の戦い（スペイン）

コオロギとライオンが果たし合いをした。それぞれ仲間を呼んで助力をもとめた。最初は狐がでた。虫のほうはスズメバチがでて、狐をめったやたらと刺した。狐は川にはいって逃げようとしたが溺れてしまった。コオロギとライオンの決闘はコオロギの勝ちになった。

小さな昆虫が大きな獣を苦しめるのでは、蚤でもいいかもしれない。ライオンが蚤にたかられて、犬や猫のように体をひっかいている話はあまり聞かないが、猪だと泥のなかに「ぬたうち」をして虫を落とす。ライオンでも蚤には閉口するだろう。

狼と蜜蜂の競走（スペイン）

狼と蜜蜂がどちらが速く走れるか競争をした。狼が走っているあいだに、蜜蜂が狼の尻を刺した。狼はたちどまって蜂を追いはらおうとした。そのすきに蜜蜂は決勝点へ飛んでいった。蜜蜂たちは狼に、川までいってお尻を洗いなといってはやした（三原幸久編訳『スペイン民話集』より）。

動物たちの競走の話はよくあるが、トリックスターが敵の尻尾につかまったりして勝つ。ちなみに蜜蜂の巡航速度は時速二十四キロくらい。燕がその倍のスピードで、狼は五十キロくらい。チーターはその倍である。昆虫ではギンヤンマが時速六十キロくらいで飛ぶ。

中近東の蟻

ある国の王女と別な国の大臣の息子が婚礼をあげることになった。王女の父王は莫大な支度金を婿に要求した。婿のほうでは、花嫁が黄金づくめで婚礼をあげることを求めた。王はどこからそれだけの黄金をあつめたらいいか途方にくれた。知恵者が、湖の底に黄金がねむっている。蟻たちがそこへゆくことができるといった。そこで、蟻を何匹か捕まえて、おまえたちの王はだれだとたずね、蟻の王に、湖底から黄金を持ってくるように命じた。蟻の王は家来たちの腰に絹糸をつけ、湖底へいって黄金をとってこさせた。一か月たつと、王女の身体をおおうくらいの黄金があつまった（『世界の民話・中近東』）。

蟻とコオロギ（インドネシア）

蟻とコオロギが一緒にあるいていて、小川にさしかかった。コオロギは簡単にとびこした。蟻は足をすべらせて川に落ちた。コオロギは綱をなって蟻を助けようとした。そこで豚に毛を二、三本くれと言った。豚はかわりにヤシの実をくれと言った。ヤシは、カラスを追いはらってくれと言った。カラスは卵をくれと言った。めんどりは米をくれと言った。牛と鼠もそれぞれの要求をした。それで豚の毛をもらって縄をなって、それで蟻を助けにいったら、もうおぼれていたって？　いやそんなことはない。蟻は助かって、友情をたしかめた。

賢者と蠅（ベトナム）

王様がいくつもの部屋のどこかにいる王女をみつけたら婿にすると言った。ふだんから蠅に食べ物や飲み物をやっていた若い「賢者」が蠅の助けで王女をみつけた。その次には食卓のいくつもの席のなかから自分の席をみつけなければならなかった。今度も蠅たちが助けてくれた。この王女の婿は「蠅賢者」と呼ばれた。

自分の身体にいる害虫（ベトナム）

ある人が家を建てるとき、材木を二、三か月水につけて建てた。そして、こうすれば、シロアリも死んでしまうだろうと自慢した。それを聞いた人が、水にも火にも死なない虫がいる。それは自分のなかにいる「欲望」という虫だ。これがいる以上、いつまでたっても満足はできないだろうと言った。

ゴキブリと蜘蛛（ベトナム）

蜘蛛はゴキブリを食べる。しかし昔は友達だった。お互いに自分たちの暮らしを自慢した。ゴキブリは主人が裕福になればなるほど、食べ物がふんだんに手にはいるといった。それに対して、蜘蛛は巣をかけるとすぐに巣をとりはらわれる。主人が貧乏なら蜘蛛の巣だらけで蜘蛛としては幸せだ。ところが、その家の主人は黒鶫《くろつぐみ》を飼って歌をたのしむようになった。黒鶫にはゴキブリがごちそうなので、家中のゴキブリが鳥の餌になってしまった。やっとのがれた一匹のゴキブリも蜘蛛にくわれかねなくなった。

いなごと象（ベトナム）

あるとき象が畑にでてきた。畑にいた動物たちは大恐慌をきたした。いなごも象につぶされないようにあちこち跳ねていたが、仲間を呼び集めて言った。いなごは一匹では象にかなわないが、みんなで力をあわせれば、象だって退治できる。そこで、いなごが大勢、象にたかって、刺したりかじったりした。象はなにがどうなっているのかわからず、おおあわてで森へ逃げかえった。それ以来「いなごが象をあしげにする」ということわざができた。

スズメバチ（ベトナム）

あるとき、み仏があやまってスズメバチの巣をつついてしまった。おこったスズメバチたちが襲ってきた。み仏は川へとびこんだが、スズメバチたちはなおも襲ってきた。み仏は天帝にお願いして洪水や嵐を起こしてもらうぞと言った。しかしスズメバチたちは、洪水なら高い所に巣をつくるし、嵐がきたら低い所に巣をつくるから平気だと言った。それ以来「低い所にあるスズメバチの巣は嵐を知らせる。高い所にあるスズメバチの巣は洪水を知らせる」というようになった（以上、『世界の民話』）。

義理の母の虫（ミクロネシア）

大きな虫がひとりの娘をもっていた。娘は美しかった。

ある日、青年が娘をみて求婚した。娘は虫の娘であることはいわずに結婚した。しかしやがて青年は、義理の母に会おうとした。虫は這って、婿の家へきてそこに住んだ。婿は虫を殺そうとして、娘の留守中に火をたいて虫をそのなかへ投げ入れた。遠くにいた娘はそれをさとって走って帰ってきて、火のなかにとびこんで親子ともども焼け死んだ。

人を喰う蚊（中国）

山の中の洞穴に一匹の大きな蚊がすみついていた。この巨大蚊は毎晩、どこかの家をおそって住人をすべて喰い殺していた。蚊はどうやら煙が嫌いらしい。そこで大きなたき火を用意し、まんなかに人形をすえておいた。すると蚊がやってきて人形の血を吸おうとした。そこですかさずたき火に火をつけて蚊を焼き殺した。そのとき、その巨大蚊の死体に小さな蚊が四、五匹とまっていたが、こんなに小さな蚊が人を喰うわけはないとみのがした。それがのちに人の血を吸う蚊になった（『中国民話集』より）。

虱と南京虫（パンチャタントラ）

王様のベッドにすみついていた虱がいた。そこへ南京虫がやってきた。虱は最初いやがったが、南京虫が虱のあとでしか王様の血を吸わないと約束したので承知した。しかし南京虫は我慢できずに、王様が眠りだす前に食いついた。王様はとびあがって、家来にベッドを調べさせた。南京虫はすばやくベッドの下にかくれたが、虱はのろのろしていて逃げ遅れ殺された。素性の知れない者に宿を貸すものではないといわれている。

神話学者ジョゼフ・キャンベルの紹介するカマル・アル・ザマンの物語（『千夜一夜物語』）では眠りこんでいるカマルと、ついで、ブドゥル王女を蚤が刺して目を覚まさせた。

Ⅳ　文学の虫・詩歌の虫

歌川国貞『愛妾胡蝶』1853 年

歌舞伎狂言『花埜嵯峨猫魔稿（はなのさがねこまたぞうし）』を題材とした役者絵

昆虫文学というとファーブルの『昆虫記』を思い浮かべる。これはルナールの『博物誌』とおなじく、科学より「文学」なのである。ファーブルのような昆虫少年は日本では北杜夫《ふみ》をはじめとして幾人も名前があがる。しかし、昆虫の観察に一生をささげて、昆虫文学をうちたてた人はいない。それでも虫たちにむけられた視線が作品をしめくくるようなものは少なくない。日本の作家は小さいながら、庭に囲まれた家に住んでいて、その庭には秋になれば虫が集《すだ》くのである。これが石造りの家に住んで公園以外に庭のないヨーロッパの作家たちとの違いであろう。もちろん虫の天国のような広い庭に囲まれた館に住んでいた作家もいないわけではないし、そもそもファーブルが、館というほどではなかったが、広大な敷地をもった家に晩年は住んでいた。またヘッセも湖畔の館などに住んでいた。昆虫の観察は広い庭か、ゆたかな自然が必要である。昆虫の詩ではネルヴァルの『蝶』が引かれるが、ネルヴァルらしい作品は後年、精神病院を転々としながら書いた狂気と夢魔のさかいの幻想作である。蝶はそこにはいなかった。ノディエも若いころは補虫網をもって野原をかけめぐる昆虫少年だったが、長じてからはパリの都心のアルスナル図書館に住んで自然の環境を離れた。その点、「ノアンの奥方」と呼ばれて田舎住まいが多かったサンドは、『本当のグリブイユの物語』などの昆虫文学をのこした。昆虫文学は作家やその時代・社会の「自然度」の標識でもあるだろう。「蚤文学」はそのかぎりではないだろうが。

一、世界の文学

蝶が好きだったヘッセにしても、蝶の思い出は思い出したくないつらいものだった。サルトルの『蝿』は、オレステスにつきまとう復讐の女神である。ペレーヴェンの昆虫たちは、惨めな人間たちの戯画でしかない。『マルドロールの歌』の昆虫は悪夢の世界だ。蝶や鳴く虫は「美しい」ものという固定観念にとざされた日本文学とちがって、世界の文学には人間の弱さや醜さをあらわすものとしての戯画化された昆虫が描かれる。ただ『蜜蜂マーヤの冒険』など、子ども向けの作品ではかならずしもそうでもない。そのかわり擬人化されている。子ども向けの作品では、『ドリトル先生　月へゆく』などもある。なお、『蝶《パピヨン》』と題した脱獄囚の物語があることをつけくわえておこう。[02]「蝶」というのは主人公のあだなで、実際の蝶ではない。ただ、「蝶」という言葉のイメージはわかるかもしれない。

◎ヘルマン・ヘッセ[03]「クジャクヤママユ」『蝶』一九三一

友人と蝶のコレクションを見ている。友人は言う「不思議なものだ。蝶の姿ほど子供のころの思い出を強く呼び起こしてくれるものはない」。そう言ってから、彼は少年時代の苦渋に満ちたつらい思い出を語りだす。彼の隣家に模範少年が住んでいた。彼があるとき、クジャクヤママユを採ったというニュースが流れた。語り手はぜひそれをみせてもらおうとして、少年の家を訪ねた。ドアは開いていたが、少年はいなかった。少年の部屋へはいってみると、問題の蛾が机の上に展翅されていた。語り手はおもわずそれをつかんで逃げ出した。しかし、その家の戸口をでたところで、はげしい自責の念にとらえられて、少年の部屋にもどって蛾をポケットからとりだした。蛾はくしゃくしゃになっていた。その日の午後、語り手は母親にいっさいを打ち明け、少年の家へ謝罪にいった。もちろんつぐないはできなかった。少年は「きみってそういうひとだったの」といかにもさげすんだ口調で言うだけだった。家へ帰った語

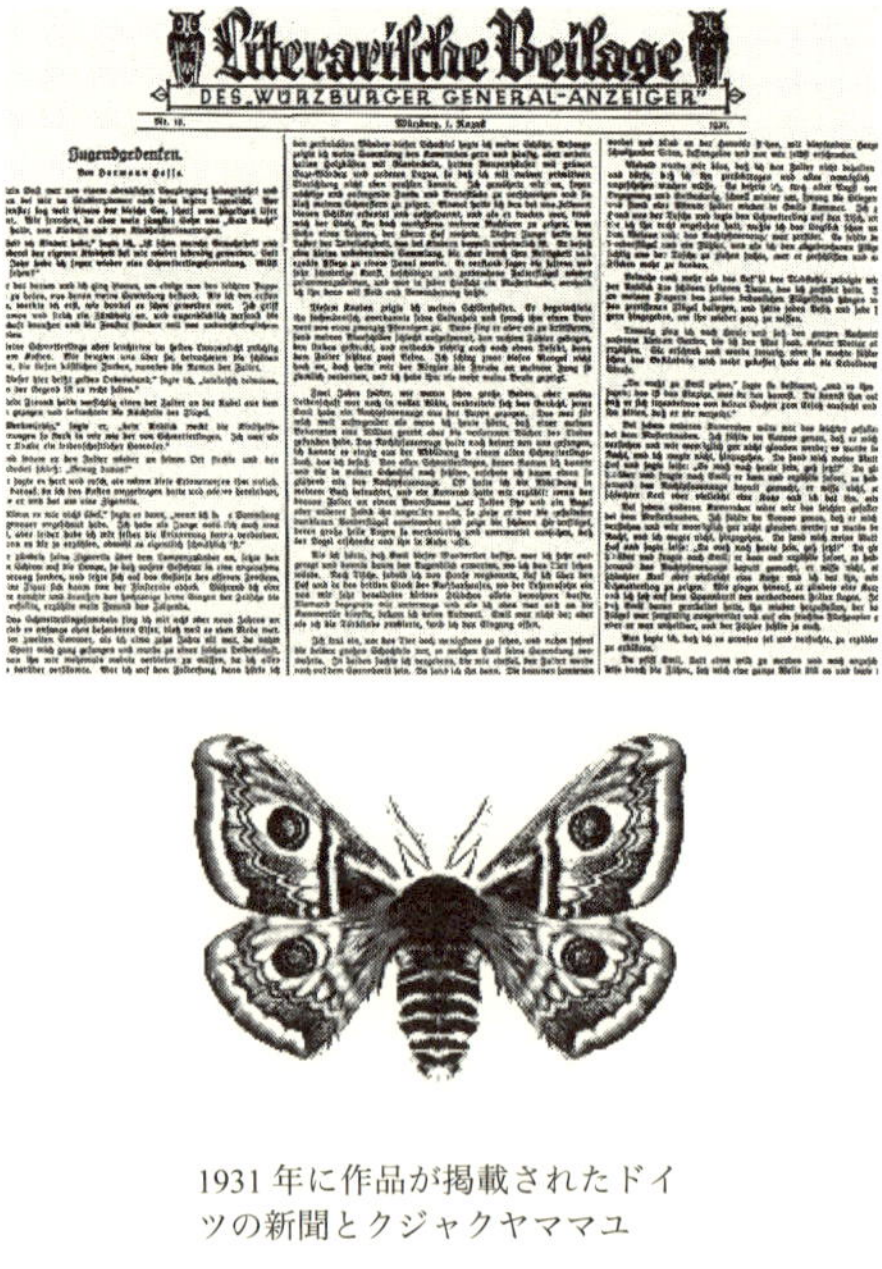

1931年に作品が掲載されたドイツの新聞とクジャクヤママユ

り手は自分のまずしいコレクションをこなごなにした。以来、蝶のコレクションを見るのは彼にとって苦しい思い出をかきたてるのだ。

もちろん大事な蝶が鼠や猫に喰われてしまうこともよくある。自慢のコレクションが盗まれることもある。貴重なコレクションを持っていると、留守のあいだに盗られはしないか、猫に喰われないか、虫に喰われないか、心配でしょうがない。もてるものの苦しみである。

◎シャルル・ノディエ[04]『シビル・メリアン』一八三七

高名な昆虫画家のシビル・メリアンが甥のギュスターヴに昆虫の世界の驚異を語ってきかせる話。ノディエは自身、昆虫好きで、十八歳の年には「昆虫の触角の機能について」という論文を発表し、二十歳の年には『昆虫学書誌』を著している。

ドイツ生まれのメリアン（マリア・シビラ・メーリアン）は「ちいさいころから、……集められるかぎりのイモ虫を集め、その変態を観察した」と自分のことを書く（中野京

メーリアン 69 歳の肖像と『スリナム産昆虫の変態』（1705 年）の中の一図

子『情熱の女流昆虫画家』)。彼女の描く昆虫は「科学と芸術のすばらしい融合」(同前)だった。「彼女のスタイル、それは一枚の絵に卵、幼虫、蛹、成虫という生活環、つまり〈時間〉を表現し、同時にその虫が餌とする草花も描く、そしてそれらに必ず短い解説を添える」というものだった。晩年になって、メリアンは虫の絵を描くために南米まで行った。その成果は『スリナム産昆虫の変態』(一七〇五)となった。この本はノディエの昆虫書誌にもはいっているが、オランダ領南米のスリナムでの、フィールド・ワークの結実である。まさに異色の女性だった。

◎ホフマン[05]『蚤の親方』一八二二

『牡猫ムル』の作者のメルヒェン。人の心をのぞきこんで、真実の考えを告げてくれる顕微鏡的レンズを提供してくれる蚤の親方は、もとはレーンフェルトという人物があやつっていた蚤の曲芸団の親方だったが、その曲芸団が崩壊したあとは、主人公のペレグリヌスの襟飾りにとりついて、世の出来事を説明し、出会う人びとの隠された真意を告げる。

◎スタンダール[06]『赤と黒』一八三〇

レナール夫人とジュリアンの恋愛の一場面に一か所だけ蝶がでてくる。「彼女は子供たちと一緒に、果樹園の中を駆けまわったり、蝶を追い回したりして、日をおくっていた。目の粗い紗の大きな袋をこしらえて、それで憐れな鱗翅類を捕まえるのだ。こんな野蛮な名称もジュリアンがレナール夫人に教えたので、彼は夫人にブザンソンからゴダール氏の名著を取り寄せさせて、この昆虫の奇異な特性を話して聞かせたのである」。

まさに『谷間の百合』でフェリックスがモルソーフ夫人のために花をつむところにも匹敵する田園詩である。

◎ルイス・キャロル[07]『鏡の国のアリス』一八七一

蚊(またはブヨ)とアリスの対話。

「だったらきみは昆虫はみんな嫌いなの?」

「お話できるんだったら昆虫も好きよ。あたしの国では、話す昆虫なんかぜんぜんいないもん」
「どういった昆虫に熱狂するの、君の国では」（どんな虫に恵まれているの？　とも訳されているが、原文はrejoiceである。どんな虫を喜ぶの？　くらいであろう）
「昆虫に熱狂したりはしないわよ」
ここにはほかに、カナブン、木馬バエ、バタつきパン蝶、燃えぶどうトンボ、などがでてくる。とくに虫が「君はだれだい」とたずねるところから、自分を確認する段階がしめされる。

木馬バエ

バタつきパン蝶

燃えぶどうトンボ

『鏡の国のアリス』の挿絵
（ジョン・テニエル画）

◎チャールズ・ディケンズ[08]『炉端のこおろぎ』一八四五
「炉端にこおろぎがいてくれるなんて世界一運のいいことなのよ」

「あたしがはじめてあの楽しい小さな鳴き声を聞いたのは、あんたがあたしをここへつれてきてくれた晩」

その後、誤解にもとづく波乱があって、最後は誤解もとけ、前のとおり幸せな家庭、コオロギに祝福された家庭が戻ってくる。そして物語が終わったあと、

「こおろぎが一匹炉の上で鳴いている」。

◎グザヴィエ・フォルヌレ[09]『草むらのダイヤモンド』一八五九
廃園に小川が流れ、そのあたりの草むらに蛍が光る。蛍は子供の誕生のときなどは白く光り、異常な出来事が起こると黄色く光るという。

その廃園へ女がひとり、しのびあいにやってきた。しかし待ち人はいつまでも

やってこない。もしやあの人になにか起こったのではなかろうか。女はいてもたってもいられず、待ち合わせの陋屋《ろうおく》をでた。蛍が黄色く光る。翌日、同じ時刻に女は毒をあおいで死んだ。蛍はまた黄色く光った。

◎ロートレアモン[10]『マルドロールの歌』一八六九

『マルドロールの歌』にはさまざまな動物がでてくるが、昆虫やクモも重要な働きをする。

第一の歌七「家のように大きいツチボタル」が主人公に告げる。目の前の墓石の碑銘を読めるように照らしてやろうと。蛍は「血の色をした壮大な光線」を地平線まで広げる。そして墓石の前に横たわる裸の婬売について、石をとって殺すように言う。主人公は石をもちあげ、山の上までのぼってそれを蛍にむかって投げる。「もう血の色をした光は輝いていない」。以来、主人公は「美徳を」捨てる。巨大昆虫がうごめく世界がはじまる。同時にダニや蚤のような吸血動物たちがマルドロールの分身として現れる。

第二の歌九「人間たちが自前で飼っている昆虫」「血を好むその虫は（……）象と同じくらい大きくなる」それは「動物たちの最高位におかれて崇められている」。「この未熟児たちはやがて、注目すべき美しさで飾られた堂々たる虱になるだろう。賢人の風格をそなえた化け物に」。「おお縮こまった瞳をした虱よ」「おまえは間違いなく宇宙に君臨し、おまえの王朝は世紀から世紀へとその環を広げてゆくだろう」。語り手は人間の頭髪から雌の虱をとって「三晩続けてそいつと寝たあと、穴に投げこんだ」。「数日後、何千という化け物どもが」この世に生まれた。虱たちは血管のようにのび拡がる地下の鉱脈にそって家々にはいりこむ。語り手は「地獄のシャベルで、あの無尽蔵の鉱脈から山のように巨大な虱の塊を掘り返し、斧で叩き割ると、夜陰に乗じて、都市の動脈に運びこむ」。

第五の歌二「一匹のスカラベが（……）丘のほうへ進んでいた」。彼が転がしている玉はかつての女で、その魔力によって、男がスカラベに変えられたのだ。

第五の歌七「大型種の年老いた蜘蛛が一匹、部屋の角が交わる一隅の床にあいた穴からゆっくりと頭をだす。

（……）周囲を静寂が支配していることを確かめると、蜘蛛は巣の奥深くから、熟慮の助けも借りずに体のいろいろな部分を次々に引っ張り出し、慎重な足取りで私の寝床のほうへ進んでくる。（……）蜘蛛は何本もの脚で私の喉を締めつけ、腹部で血を吸う」。タランチュラコモリグモである。蜘蛛の腹からはふたりの少年がでてきた。「大天使が天から降り立ち、〈主〉の使者としてこう命じた。ただ一体の蜘蛛に姿を変え、天から命令が下って懲罰の進行に終止符を打つまで、毎夜君のところに来て喉から血を吸うようにと」。

第六の歌二　「一匹のかわいいコオロギが、パリの下水道を敏捷に動き回る華奢な姿を」みせる。「あいつしかいない。マルドロールだったのさ」。

これはゴキブリでもよかったかもしれない。古いパリの街には、鼠やゴキブリが無数に巣くっている。かれらの生命線ともいえる移動路は下水網であり、地下鉄網である。『レミゼラブル』ではジャン・バルジャンがマリウスをかついで下水のなかを走る。いまは鼠とゴキブリが我が物顔に走り回る。

◎ジョルジュ・サンド[11]『本当のグリブイユの物語』一八五〇

子だくさんの家の末っ子のグリブイユ（まぬけ人間の意味）は、ブルドンさん（スズメバチ）の家へ招かれる。しかしブルドンは自然界ではスズメバチとしてあたりいったいに猛威をふるっていて、蜜蜂たちは彼の前で戦々恐々としている。ブルドンさんの正体をしったグリブイユは妖精の助けでにげだすが、ブルドンに追われて水におち、妖精の島まで流される。島で彼は蜜蜂妖精たちに善きおこないにみたされた生活をおくることを教えられ、人間界へもどるが、そこはブルドン氏が王様となって悪逆無残な社会を形成していた。グリブイユはブルドン王につかまって火あぶりになるが、妖精たちによって「かげろう」に転生させてもらう。

◎ワルデマル・ボンゼルス[12]『蜜蜂マーヤの冒険』一九一二

蜜蜂マーヤは最初の蜜探しのとき、巣に帰らなかった。

ドイツで出版された『蜜蜂マーヤの冒険』の挿絵（1922年版）

翌朝、太陽の光にむかえられて目をさますと、まずバラの蜜を吸いにいった。そして「甲虫」と出会って話をする。ついで、湖へ飛んでいって、トンボと出会う。そうやって日々、新しい発見をくりかしながらひとりっきりで成長をつづける。蜘蛛の網にからまったときはあやうく命を落とすところだったが、クワガタが網をやぶって助けてくれた。花の妖精にも出会った。そして熊蜂につかまって「盗賊の城」へ連れていかれ、幽閉されるが、トンボの友だちの守衛のおなさけで脱出に成功する。熊蜂の城では、翌日の夜明けに蜜蜂の町を攻撃する計画が立てられていた。マーヤはもとの巣へ戻って急を告げる。迎撃体制のできていた蜜蜂たちは熊蜂の攻撃を撃退する。マーヤは女王に接吻され、巣からの逃亡をゆるされる。

蜜蜂は社会性昆虫だというし、ミシュレやメーテルリンクでも、そこには強制はなく、みな自由意志で巣作りと蜜集めに参加しているというが、実際には離れバチもいないわけではなさそうだ。そしてマーヤのように巣へ帰らずにひとりで蜜を吸ってくらしていることもできなくはない。ただ、繁殖はできないから一代かぎりである。しかしたいていの昆虫が長い幼虫の期間をすぎて地上へでるとそれぞれひとりひとりの生活をして、結婚飛行をしても雄はそれきりで、雌も卵を産んで、死んでしまう。雌の蜜蜂は巣を捨ててひとりきりの生活をしばらくはすることができる。それも選択のひとつだろう。実際には個々の蜜蜂には自由意志などはなく、蜜探しにでても、夕方には巣に本能的に戻って社会生活をしている。それでもボンゼルスはあえて、ひとりもののマーヤの冒険を想像した。離れ蜜蜂の冒険は危険にみちて、この物語のようにいいことばかりではないだろう。が、昆虫にも自由への希求があるという想定での物語は、人間の場合にあてはめれば、生まれたばかりの幼子がひとりで世の中へでていって生きていけるわけはないにしても、羽があって飛んでいけるなら、あえて巣や家に帰らずに飛んでいきたいと思うにちがいない。その結果がどんな惨めなものとなろうと、子供でも昆虫でも、家庭や集団は安全を保障するかわりに自由を拘束するものであり、生きることがそもそも、自由の制約によって勝ち得たものにほかならないことを学ぶだろう。[13]

◎ヒュー・ロフティング[14]『ドリトル先生と月からの使い』、『ドリトル先生月へゆく』一九二八

「虫のことば」の章では、虫語の研究と、そのための昆虫館のことが紹介される。蛆虫をつれてきて、その話を聞こうとする先生は、どの動物がきたないとか、おとっているとかいうことはゆるさないと断言する。そしてたとえば蝿には蝿の権利があると言う。

先生と助手は「ある珍しい種類のチョウが孵化する所を見ていると、おもしろくて心臓がわくわくしてくる」。そんなことを言っているところへ、窓をたたく音が聞こえた。

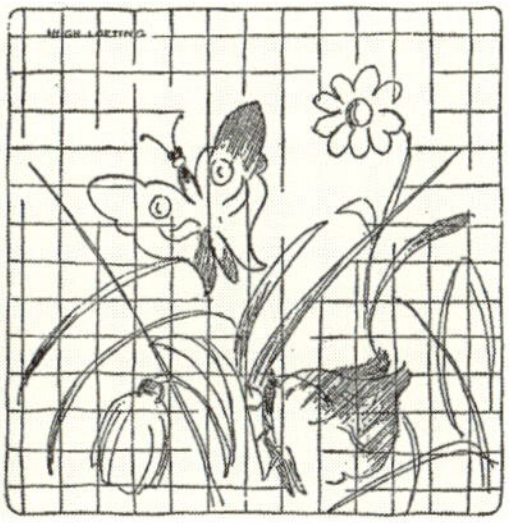

巨大な蛾がそこにいた。蛾は月からの使者だった。先生と助手は蛾につかまって月へゆく。「蛾は、これから着陸しようとする土地のようすを、くわしく心得ているようでし

『ドリトル先生と月からの使い』の挿絵（ロフティング画、1928 年）

た。（……）蛾はしばらくのあいだ、するすると輪をえがきながら飛んでいましたが、やがて頭をぐっとさげ、丘にかこまれた狭い谷間に向け、羽をひろげた大きな体をさげてゆきました。（……）私たちは月世界に着陸したのです！」

◎フリードリヒ・シュナック[15]「名もしらぬ蝶」『蝶の生活』一九二八

『銀河鉄道の夜』のような雰囲気の作品。ペーターは肺を病んでいる。蝶が好きで、図鑑を友だちから借りている。窓から金茶色の羽にみごとな眼状紋のある蛾がはいってきた。それをみていると不思議な国にいざなわれた。死んだ母親がいる。星の緑野には蝶や蛾が飛んでいる。夜空の星は蝶や蛾なのだ。ペーターは幸福感にひたされた。蝶の幸福である。そのとき、蛾が飛び立って、ペーターを星の世界にみちびいた。ペーターは星の光線にみちびかれながら飛んだ。

おかあさんがペーターを呼んでいた。いつからか、ペーターはガラスの馬車に乗っていた。みんなは天国へ旅をしているんだとペーターは思った。お父さんが帰ってきたとき、ペーターのベッドには灰色の蛾がじっととまっていた。蛾は死んでいた。ペーターも死んでいた。

この集には「ホメロスの蝶」もある。[16]

◎カフカ[17]『変身』一九一五

文学における「虫」としてもっとも名高いものはカフカの『変身』の虫だろう。

「ある朝、グレーゴル・ザムザが不安な夢から醒めると、ベッドのなかで、ものすごい虫に変わっていた。」（『世界の文学　ドイツ3・中欧・東欧・イタリア』城山良彦訳、集英社）

この『変身』の冒頭の変身の場は、いろいろ議論をよんでいる。いったい「ものすごい虫」とはなんなのだろう。ほかの訳をみると、

「ある朝、グレーゴル・ザムザが不安な夢から目を覚ましたところ、ベッドのなかで、自分が途方もない虫に変わっ

クス）

ているのに気がついた。」（『変身』池内紀訳、白水ｕブッ

「ある朝、不安な夢から目を覚ますと、グレーゴル・ザムザは、自分がベッドのなかで馬鹿でかい虫に変わっているのに気がついた。」（『変身・掟の前で 他二編』丘沢静也訳、光文社古典新訳文庫）

「ある朝、グレゴール・ザムザが不安な夢から目覚めてみると、ベッドのなかで自分が薄気味悪い虫に変身してしまっているのだった。」（『カフカ・セレクションⅢ 異形／寓意』浅井健二郎訳、ちくま文庫）

「ある朝、グレゴール・ザムザが、落ち着かない夢から目ざめてみると、彼は自分がベッドのなかで、大きな毒虫に変わっているのに気がついた。」（『カフカ　世界の文学セレクション36』辻瑆訳、中央公論社）「途方もない虫」「気味の悪い虫」はここでは「毒虫」になっている。

「ある朝、グレゴール・ザムザが不安な夢からふと覚めてみると、ベッドのなかで自分の姿が一匹の、とてつもなく大きな毒虫に変わってしまっているのに気がついた。」（『変身』中井正文訳、角川文庫）

「ある朝、グレゴール・ザムザがなにか胸騒ぎのする夢からさめると、ベットのなかの自分が一匹のばかでかい毒虫に変わってしまっているのに気がついた。」（『変身』山下肇訳、岩波文庫）。

作家の多和田葉子はその虫ウンゲティーファーに「いけにえにできないほど穢れた虫」という説明をくわえる。

「グレゴール・ザムザがある朝のこと、複数の夢の反乱の果てに目を醒ますと、寝台の中で自分がばけもののようなウンゲツィーファー（生け贄にできないほど汚れた動物或いは虫）に姿を変えてしまっていることに気がついた。」（集英社文庫ヘリテージシリーズ）

はたして、グレゴール・ザムザはなにになったのだろう。一匹の大きな虫だが、小さな足が無数にはえているというからにはヤスデのようなものとも思われるが、ウンゲツィーファー（毒虫）というだけで、特定の種をさす言い方はされない。この言葉は一般にはゴキブリや南京虫のよ

うな不快害虫をさすのだが、足が沢山あるというと昆虫ではない。リンゴをぶつけられるとそれが背中に食い込んでしまうというので硬い殻におおわれている甲虫ではないようだ。しかし甲虫でも幼虫なら、殻はない。

甲虫というと「かぶとむし」と読まれることがあるが「コウチュウ」で、「カブトムシ」ではない。「Ungeziefer」は、多和田葉子の説はともかく、ふつうは単に「虫」あるいは有害虫である。これだけでは、カブトムシとするのは不適当だろう。家庭内によくいる虫としては、ゴキブリかもしれない。インターネットでungezieferを検索すると画像ではゴキブリが多くでてくる。荒俣宏もゴキブリに傾いている。スペイン語ではbichos、フランス語ではvermine（南京虫）である。念のために、前後の原文をあげてみよう。“Als Gregor Samsa eines Morgens aus unruhigen Träumen erwachte, fand er sich in seinem Bett zu einem ungeheueren Ungeziefer verwandelt.” — (Die Verwandlung)

「ある朝、ひどく胸苦しい夢から目がさめると、グレゴール・ザムザは、ベッドの上で自分が一匹の巨大な甲虫に変身していることに気がついた。」という訳もある。

あとのほうで女中がグレゴールをみつけて、Mistkäfer（甲虫）と呼びかけるところがあるので、この冒頭のungeziefer（毒虫、害虫）を甲虫と訳しているのだろうが、グレゴールにとっては巨大な虫でしかない。彼自身でさえ、なんであるかは特定できていないのである。ただその後、細い無数の足がうごめいているとあるので、昆虫類ではないか、あるいは昆虫なら幼虫かと思われる。肌はやわらかいようで、リンゴをぶつけられると、それが肌に食い込むのである。少なくともカブトムシのようなかたい殻はもっていないようである。リンゴだけではなく、かたいものをぶつけられたり、たたかれたりすると、その打撃をはねのけられない脆弱な存在である。甲虫のような頑丈なものを想像できない。羽もないようで、飛ぶとか、羽ばたくというところはでてこない。窓辺で外をじっとみつめるのである。羽があれば飛んでいける。体はかなりまるまるとしているようで、そのままではドアを通り抜けられない。したがって体型的には甲虫類ともみられるが、足が無数にあり、甲殻がなく、羽もない虫である。虫としては巨大だが、人間の寸法とおなじと思われる。方向転換には時間を要する。

『田舎の婚礼準備』では、この場面の前段階的な文章があり、主人公の変身願望として大きな鞘翅類、クワガタムシあるいは黄金虫のようなものになってベッドにもぐりこんでいたいと書かれている。その間、婚礼には彼の分身を派遣するのだ。ピエール・ブリュネルは『変身の神話』で、この明らかな退行を、逆に作家としての成長とみる。「昆虫への変身は、カフカにとって理想的な成長であるところの芸術家への急激な脱皮のように見える」。変身を芸術家、創作者になることとするのだ。これは作者にとっては可能な「変身願望」だろうが、一般の読者にとっては、社会的存在から幼児性への退行でしかない。まわりのものの反応は不快の一語につきる。しかし、黄金虫の成虫としてなら、虫としての嫌悪感はかならずしも与えない。見ただけで不快だというわけではないし、たまらない悪臭がするわけでもない。幼虫であるなら、そのうち蛹になってもよかったが、その様子はない。ただし、異文では「冬眠」について言及される。虫としての生活はみとめられない。つまり最初の時以外、変態はしないし、空を飛ぶこともない。ペットとしては犬ほど親しみのある存在ではなく、豚くらいかもしれない。豚であっても幸せな家族であれば家族の一員として可愛がられる。逆に犬でも病気にかかって悪臭を放つようになったりすると相手にされずに飼い殺しになる。人間であってもそのような疎外状況は考えられないわけではない。ユダヤ人などかつて差別されていた人びと、あるいは業病にかかった人、精神疾患者などでも、隔離されたり、幽閉されたりすることがありえた。人間でありながら、人間扱いされなくなった人間ということだろう[18]。

しかし、プレ・オリジナルとみなされる『田舎の婚礼準備』では、「おれはベッドに寝ているとき、大きな甲虫か、それともクワガタムシか、黄金虫の恰好をしているのではないかと思う。」「そうだ。甲虫を大きくした恰好だ。そこでおれは、これから冬眠に入るという様子にしてやろう。おれは短い脚をふくれた腹にくっつけよう」と言う。これと

『変身』がおなじものなら、「甲虫」であることはまちがいないようでもあるが、「これから冬眠に入る」というところが気になる。地中の幼虫の状態を「冬眠」と言っているとも思われる。甲虫の成虫であれば、かたい殻があって、リンゴが食い込むことはないだろうし、羽があって、飛んでいける。窓際で外をじっとながめている必要はない。閉じ込められている必要はないのだ。この虫は甲虫のたぐいだが、殻や羽のある成虫ではなく、それ以前のすがたである。だから、最後はやせほそってひからびてしまう。かたい殻がある黄金虫なら、飢え死にしても、外観はそのままである。

デヴィッド・ジョージ・ゴードンは『ゴキブリ大全』で、「多くの読者が、この怪虫はゴキブリだった」と考えたのではないかと言っている。もっともそのあとでは、その解釈に懐疑的で、「周囲からうきあがり、疎外された作家本人」をあらわしたものというありきたりなコメントをもって締めくくっている。

もうひとりの「権威」をもってくるとイヴ・カンブフォールの『スカラベと神々』は文句なしにスカラベにしている。カブトムシでもない。ゴキブリでもない。スカラベ（フンコロガシ）である。ただし、どのような段階（幼虫か成虫か）のスカラベかは不明である。

どうやら、虫としては黄金虫のたぐいの「甲虫」であろう。しかし、ベッドのなかにもぐりこんで「冬眠」をする黄金虫の幼虫である。人間なら母胎のなかの胎児である。子宮回帰願望の見させる夢だ。メタモルフォーズ（フェアヴァンドルング）は「変身」ではなく「変態」であり、幼虫が蛹を脱して羽化する願望をあらわしている。しかしその願望は家族、あるいは社会の無理解によって阻害され、虫は羽化し損なって死ぬ。あるいは自身、最終的な「変身」をとげることをおそれてベッドのなかにもぐりこみ、生まれる前の状態に戻ることをこそ願望しているのかもしれない。羽化して空を飛びたいという願望と、あたたかい子宮のなかに戻って永遠のまどろみにはいりたいという願望とにひきさかれているのだろうか。この虫が羽化する前の甲虫のぶよぶよした幼虫であるとすることで、その対立する願望にひきさかれるザムザの悲劇がわかりはしないだろうか。

◎ブルーノ・シュルツ[19]「油虫」『肉桂色の店』一九三三

「あの黒い群れの洪水」「割れ目という割れ目は震える触角で満たされ、どんな小さな裂け目からも不意に油虫が飛び出し、床のどの隙間からも、あの黒光りするものが湧き出」た。すると父親は投げ槍を手に、狂って部屋中をとびはねて油虫（ゴキブリ）をねらった。「狂気のとりことなった父は、ますます深くその中に嵌まり込んでいった」。しだいに肌にぎらぎら光る黒いしみがひろがっていった。「油虫との類似は日を追って明瞭の度を加えた。そして父は油虫にかわった」。

ここで、ひとりの摂食障害の女性の記録をみてみよう。

彼女が混乱した精神の状態におちいっていたとき、「足の上をゴキブリが動き回っているのを感じた。それから足に目をやったが、それが自分の足だとはわからなかった。次の瞬間、ゴキブリの姿が見え、彼女はこれは自分自身なのだと思った。すると突然喜びと不思議な感覚が彼女の中の恐怖にとってかわった」（『昆虫　この小さきものたちの声』）。

シュルツのほかの短編、『父の最後の逃亡』では語り手の父親が「ざりがにかおおきな蠍」になり、「壁紙をかさかさとならして」「壁を這い上っ」たりしたが、「いったん裏返しとなると、まったく無防備になってしまうのだった。脚という脚をむやみに動かしながら、背中を軸に途方に暮れて回転するさまは、無様であり、また哀れでもあった。」「彼の解剖図――仰向けに寝て、何の覆いもないむき出しの節々に分かれた腹部のひどくあけすけな仕組みのようなものを見せつけられるのはやりきれなかった」。そんなある日、父は足一本をのこして逃亡し、「二度と父を見なかった」。

あるいは『ネムロド』という短編では子犬の目の前を「黒い怪物がたくさんのもつれあうかぼそい足をうごかしてすばやく進んでゆく。

彼は声をなげつける。

しかし彼がその新しいとつぜんの霊感から生まれた言葉で、いくら虫に罵り声をむけようとも、そのかいはない。油虫（ゴキブリ）の思考のカテゴリーにはそのような雄弁をうけいれる余地はなく、虫は古来からの油虫の祭儀によって神聖にされた動きを繰り返しながら、はすかいの旅を続けて部屋の片隅へといってしまう」。

◎ハンス・エーヴェルス[20]『蜘蛛』一九〇八

通りの向かい側にいる女がこちらのすることをまねる。そのうち、こちらの行動の先をゆくようになる。そして、首吊りをする。男もそれにつられて首吊りをする。向かいの部屋にはジョロウグモが巣をはっていた。

エルクマン・シャトリアンの『見えない目』でも、首吊り人形を見せて、老婆に首を吊らせる話がある。

◎エドワード・ベンスン[21]『芋虫』一九一二

それはただの芋虫ではなかった。蟹のはさみのような足が生えているのだ。それをみつけた画家のイングリスは「カンセル・イングリセンシス」と命名しようかという。主人公がその前の晩みたのも同じものだったが、もっと大きく、一フィートはあった。それが空き部屋の寝台の上にうじゃうじゃと折り重なって群れているのだった。主人公は画家がボール箱にいれてみせてくれた虫をベランダごしに庭の噴水に投げ捨てた。しかし虫はそこから這いでると主人公と画家のほうへ這いよってきた。画家はそれを靴底で踏みつぶした。しかしその晩、なんとはなしに不吉な雰囲気がして目をさました主人公は空き部屋のベッドにいた巨大な芋虫たちが群れをなして画家の部屋へ押し入っているところを目撃した。それから半年後である。画家が癌にかかって手遅れだという話をきいた。例の空き部屋にはその前の年、不治の癌患者が泊まっていたという。彼がみた芋虫はたしかに「カンセル・イングリセンシス」だった。イングリスにとりつく癌（cancer）だった。

◎レイ・ブラッドベリ[22]『監視者』一九四五

人間はありとあらゆる虫たちに取り囲まれている。蠅も蚊も飛んでいる。コオロギも鳴いている。蟻も行列をつくっている。「この地球上の生命の九十九パーセントは虫なんだ」。その虫たちがなにものかに支配されていて、人間たちの行動を監視し、報告している。ありとあらゆる虫をたたきつぶすことに情熱を傾けていた男がついに、「あいつら」に負けた。目に見えない動物たち、病原菌に体中をくいつくされてぼろぼろになって死んでいた。

◎ジョン・B・L・グッドウィン[23]『まゆ』一九四六

主人公の少年は森で巨大な蛾の幼虫をひろった。蝶のコレクションをしているが、そんな幼虫はみたことがなかった。ひろってきた幼虫はまもなく繭をつくりだした。そして何日後か、蛾は繭をでて羽化した。それはあまりに大きくて、家のなかにある容器にはどれもはいらなかった。やむをえずシアン化合物の瓶につっこんで殺して、壁にピンでとめた。しかし、死んだ蛾は強烈な匂いを発散していた。その匂いにひかれるのか、大きな蛾が毎晩、窓をたたき、部屋にはいりこむと少年におそいかかった。ついにある日、少年の顔はずたずたにひきさかれ、その体はべとべとした糸でぐるぐるまきにされていた。少年は死んでいた。

◎ジョン・ソール[24]『妖虫の棲む谷』一九九四

少女が家出をし、行方不明になった。その少女に面影の似ているジュリーは再婚する母と妹とともに、母の再婚先の農園のある谷間にむかっていた。なにか嫌な予感がする。予感は結婚式の場ですでに現実のものになった。妹が蜂に刺されて救急搬送されたのだ。それから何日かして今度はジュリーが蜂に刺された。搬送された診療所で、農薬会社の男が抗血清の瓶を医師にわたした。蜜蜂が異常な行動をとるようになっていたのは、その農薬会社の肥料のせいではないかと噂されていた。その会社が合成肥料を配布しだしてから、なにもかもおかしくなっていた。その男がわたした抗血清を打ってもらってからジュリーの身体のなかがおかしくなった。彼女の血液を検査すると生きた寄生虫がうごめいていた。昆虫類の成虫だった。彼女は虫たちの呼び声にこたえるように家をでた。そして丘陵地帯の洞穴に裸で、体中を虫におおわれて横たわっていた。それをみつけた少年たちもやがてジュリーとおなじ症状を呈するようになった。最後はジュリーを中心とした少年たちが幾百万という虫の群れをしたがえて、虫たちを送りだした大元の農薬会社の男の家へむかった。虫たちは家へ突入し、電気の配線をかじり、火災を発生させた。すべては灰になった。原題はThe Homing（帰巣）。

◎カレル・チャペック[25]『虫の生活から』一九二一

浮浪者が虫たちの生活を覗き見る。

第一幕は「蝶々たちの生活から」「蝶々が愛の風にはこばれて、はてしない永遠の求婚を続けている。」第二幕「略奪者たちの生活から」タマコロガシとコオロギ、スズメバチがコオロギを殺して幼虫に食べさせる。第三幕「蟻たちの生活から」「あらゆる生き物が、大きな体にとりついた虱のように、生命を吸い取り、恐ろしい飢えに喘ぎながら自分の所有物を他者から奪って増殖させようとする。最後に戦争をして勝ち誇る司令官を浮浪者がけり倒し、踏みにじる。

◎パール・バック[26]『大地』一九三一

「ある日、南の空に、小さな軽い雲があらわれた。（……）眺めているうちに、彼らの足もとへ風にふかれて落ちてきたものがある。（……）それは、あとから押し寄せる生きた大群を思わせる死んだイナゴであった。（……）イナゴの大群は空いっぱいにひろがり地上を覆った。（……）やがて空は真っ暗になり、大気は、たがいに羽をぶつけあう深い沈んだようなとどろきでいっぱいになった」。畑は丸裸になった。ここでいう「イナゴ」はバッタのことである。アジアや中近東では二、三年乾燥の年が続いたあとに大発生するという（『昆虫博物館』）。

田村泰次郎にも中国をおそう飛蝗のすさまじさを描いた『蝗』がある。

◎サルトル[27]『蝿』一九四三

アガメムノンがトロイ戦争へ行っている留守中、アイギストスがやってきて、王妃、クリュタイムネストラにとりいり、やがて帰ってきたアガメムノンを殺して、かわりに王になる。そこへ、アガメムノンの遺児オレステスがやってくる。彼の登場とともに、町には蝿があふれる。復讐の女神エリニュエスたちである。女神たちはやがてアイギストスとクリュタイメネストラを殺したオレステスにとりつく。アルゴスの町にあふれる蝿は、女神たちによる復讐を予告する。[28]

「神々は蝿どもをつかわしたのです」。

「死者たちの復讐だぞ。見よ、蝿どもが群れをなして、われわれのうえにたかってきた」。

「見ろ、俺の上には鳥のように蝿どもが寄ってたかる。食え、ほじくれ、穴をあけろ、復讐の蝿どもめ」。

「今日はまた蝿どもめ、どうしたっていうんだろう。まるで気ちがい沙汰だ」。「こいつらは死人のにおいを嗅ぎつけたんだ」。

「蝿どもに気をつけろよ、オレステス」。

「この蝿たちはエリニュエスなのよ。オレステス、後悔の女神たちなのよ」。

「ぶん、ぶん、ぶん、ぶん、ぶん、ぶん。

蝿がお菓子にたかるみたいに、お前の腐った心の上にわたしたちはみんなとまってやるぞ」。

「見ろ、あの蝿どもを」。

オレステスはこのあと、エリニュエスたちに追われてギリシャ中を逃げまどい、狂ってゆくが、最終的には神々に許される。サルトルの戯曲では神々の許しは暗示されない。父を殺した母を誅殺したオレステスの行為は人の子として当然なすべきことではなかったのか、ぶんぶんとうるさくたかる蝿はそうはいわない。どんな理由があっても殺すことは罪である。あるいは罪を犯さなければ生きていけない人間の業である。

◎ル・クレジオ[29]『モンド』一九七八

「モンド」「羊飼い」その他の短編をふくむ。とくに「モンド」では、孤独な少年のあゆみに虫の音がついてくる。

まるで星の音楽のように。そこはヴェトナム女がひとりで住む館のまわりの草原だった。そこへはいりこんだ宿無しの少年モンドは虫の音につつまれて草のなかでまどろんでいた。そこへ、館の女主人がやってきて、ともに虫の音に耳をすます。少年はこの館で夜をすごすようになる。昼は町へいってぶらぶらしながら、放浪の芸人たちと一緒にすごしたりしている。館の女主も孤独だった。しかし、ある日、いつもの時間になってもモンドは館に現れなかった。浮浪者狩りにひっかかって施設へいれられたのだ。

◎ヴィクトル・ペレーヴィン[30]『虫の生活』一九九三

　この作品でも人は蚊や蛾や蟬に変身する。あるいは虫が人間の姿で登場していたのかもしれない。それがやがて本当の姿になる。フンコロガシはあきらかにそのケースだ。しかし糞をころがしているうちに人にふまれて死んでしまう。マリーナは羽蟻だった。しかし着地すると羽を落とし、地中に穴をほって住んだ。ニコライがやってきてしばらく同棲するが、事故で死ぬ。死んだニコライの足を食べて生き延びていると、やがて子供が生まれ、さなぎになって脱皮して、蛹になった。ナターシャである。蚊のサムが彼女を誘惑する。ミーチャは光にむかって飛ぶ蛾である。サムとアーノルドとアルチュールは蚊になって、血を吸って酔っぱらう。彼らの仲間のひとりは海上を飛んでいるあいだに岩の上で日光浴をしているナターシャをみて、血を吸いにおり、たたきつぶされて死ぬ。マキシムとニキータは麻薬中毒だが、大麻のなかに虱を発見する。ミーチャは草の茎のあいだを飛びながら、地上の虫たちの動きをみている。だれもが糞球を転がしている。羽をひろげて飛び立とうとしても大部分のものは飛び立てない。木の切り株に集まっている虫たちもみえる。そして、「唯一の入口であり、出口でもある」井戸にはいりこむ。「一瞬のうちにそれまで生きて来た全生涯をとおりぬけて落ちてゆく」。「誕生の時である底について、さらにその先を見ようとした時、彼は無限を見ていることに気が付いた。井戸には底がなかった」。ミーチャは彼のなかに巣くっている存在、それが彼を生涯にわたって食い続け、彼をほとんど食い尽くした後で、そこから飛びのきそこねたにすぎなかったことに気がついた。これこそ、まさに死体だった。そしてミーチャはつねに自分がこの存在の不完全な歪んだ反映、その弱々しく無力な影にすぎないことを理解した。

　あわただしく死と生をくりかえす虫の生涯、そのむなしさを人間に反映させてみた作品である。

◎ベルナール・ウェルベル[31]『蟻』一九九一

　蟻を専門にする昆虫学者が、自宅の地下に蟻と共生するコミュニティーの実験施設をつくって死んだ。相続人たちが、その施設へはいりこむ。暗号を入力して開ける扉をいくつも経てたどりついたところは、大きな蟻のコミュニティーに隣接する地下街。そこで蟻の生活をまねながら菌類を栽培したり、蟻からアリマキの蜜をもらったりして生活している。蟻のコミュニティーのほうでは旧女王の王国が地上のいたずらっ子によって破壊され、新女王のもとで王国再建が図られる。物語の半分以上は蟻の社会での、戦争やスパイや殺し屋との闘争、新女王の試練などの描写にあてられる。

　残りは地下にこもった人間たちの生活が描かれる。地上世界との接触なしで生活が可能かどうか、それは一種の離れ小島のロビンソンのようなもののはずながら、小型の原子力発電装置をそなえたり、豊富な地下水を利用したり、それはある種のエルドラドのようでもある。蟻の社会では絶えず、敵の攻撃や、他の動物の襲撃に耐えなければならないが、地下の蟻人間のコミュニティーではほぼ絶対的な安全が保障されている。コミュニティー内部で分裂抗争が生まれないかぎりは。しかし、女一人と男十六人のコミュニティでは均衡はいずれ破れるだろう。女王蟻がつぎつぎに男女の働き蟻を生んでいかないかぎりは。

　『蟻』は三部作の第一作目にあたり、『蟻の時代』（二〇〇三）、『蟻の革命』（二〇〇三）へと続く。

　『蟻の時代』では、殺虫剤会社の研究員たちを蟻がおそう恐怖から始まる。一切の外傷がないのに、被害者はみな、恐怖にひきつった顔をして死んでいる。一方、第一部で十七人がたどりついた地下コミュニティーでは食糧難から内部抗争が起こる。地上ではメリエス警視が蟻の集団を操作して犯罪を犯していたアルチュールの工房にふみこむが、女王蟻から派遣されて人間と接触しにきていた兵隊蟻一〇三号と交信するうち、地下の十七人の救助信号をうけとり、その手紙をもたらした一〇三号蟻の導きによって、彼らの救助にむかう。

『蟻の革命』ではフォンテーヌブローの森を散歩している途中、崖から滑落した少女が第一部のもととなった蟻学者の残した百科事典を拾い、蟻の世界にめざめる。少女は高校のロックグループにボーカリストとして参加し、コンサートを開くうちに、蟻に学ぶ社会改革の理想にとりつかれ、高校にたてこもって「蟻の革命」を組織するに至る。最後はその裁判の様子を物語る。地下世界では第一部から活躍していた兵隊蟻一〇三号が、人間世界での滞在を経て、スズメバチの巣にもぐりこんで、ロイヤルゼリーを給餌してもらい、有性蟻に生まれかわって、女王蟻になっていた。

兵隊蟻が一度だけスズメバチからロイヤルゼリーを給餌されて女王蟻に変わることはないだろうし、蟻語と人語を相互に翻訳するロゼッタストーンという装置も荒唐無稽だが、情報機器を駆使した非暴力革命の試みは想定しえないものでもない。第二部で語られた「形のない恐怖」は蟻の集団がもたらすものだろうが、それがどのようにして死の恐怖を引き起こしたのかはあきらかにされない。そのあとフォンテーヌブローの「ピラミッド」にこもった革命勢力がスズメバチの形をした超小型ロボットを操縦して警官たちを刺殺するところは話としてはありそうだが、なぜそのロボットを大量生産して警官隊に立ち向かわせないのかという疑問が残る。どうやらそのロボットは一機しか製作されなかったようで、それも防御服を着こんだ相手には攻撃できなかった。養蜂業者の防護服程度でガードできる攻撃力では有効な殺人武器にはなれないだろう。それより、最初のころのような蟻の集団を誘導して攻撃をしかけるほうが説得力があり、そのさいの蟻酸攻撃もいくぶん超自然的だが、大量の蟻が人間の身体に真っ黒にたかって耳鼻目などに蟻酸攻撃をしかけ、人間はアレルギーショックで倒れるというシナリオのほうが一貫性があるかもしれない。

◎ジャック・ラカリエール[32]『樹皮の下の世界』二〇〇七（邦訳未刊）

「私は長い蛹の状態からぬけだした。樹皮の下の蛹の状態では、光も時間も空間も人間のそれとはまるでちがう」。「私は春になってプラタナスから離れた」。「私はほとんど蟬の同類で、コオロギの友達だ」。コオロギとつきあううちに彼自身コオロギのたぐいになってゆく。彼はもとは人間だった。それが長い冬眠を経て、目をさましたら、そこは虫たちの世界だった。そして出会う虫ごとに、それに似た姿をとってゆく。蟻塚のなかにはいりこんだときは、ほとんどシロアリだった。さらに水の呼び声にこたえて、川のなかへはいり、海へまでゆくが、また陸上の昆虫の世界に戻る。そして蜘蛛の巣にとらえられたりもするが、そこを奇跡的にぬけだして、彼がオーレリアとよぶ孔雀蛾の誕生に立ち会いもする。オーレリアはネルヴァルの同名の作品の主人公の名前だ。

「私はコオロギとともに一人っきりの生活の希望を感じ、雄を食い殺すカマキリを前にして戦慄し、蜜蜂とともに太陽の言葉を口にし、蜘蛛に食い殺される恐怖を知った。要するに私は生きたのだ」。「私は生きた」というのは主として昆虫たちの生活を生きたということだ。自身、虫となって、虫の目で小さな動物たちの生活をみた。

◎アンリ・ファーブル『昆虫記』一八七九〜一九〇七年

昆虫の話をするのにファーブルを抜きにするわけにはいかない。ファーブルについては、評価はさまざまだが、日本では絶大な支持を得ている。フランス本国ではそれほどではない。日本におけるファーブルの人気は異常ともいえるかもしれない。それにはこんな話があるのかもしれない。ある種の判官びいきである。ファーブルはアヴィニョンのリセに勤めながら、公開講座の講師をしていた。会場はサン・マルシアルの僧院の教会堂である。しかし若い女性を前にして植物の受精の講義を行ったことから、カトリック

『昆虫記』第一巻を出版した 57 歳頃のファーブル

教会派の人々から排斥運動が起こされ、教師の職を追われるとともに、家主にも家を追い出された。ファーブル四十六歳のときである。友人のスチュアート・ミルから借金をしてオランジュへ引っ越す。以来、生涯を終えるまで、大学に講座ももたず、貧窮のうちに虫の観察を続けたというのである。これもなかば伝説と化しているだろう。以下、『昆虫記』新訳の本文や注から、目についたところを抜き出してみる。

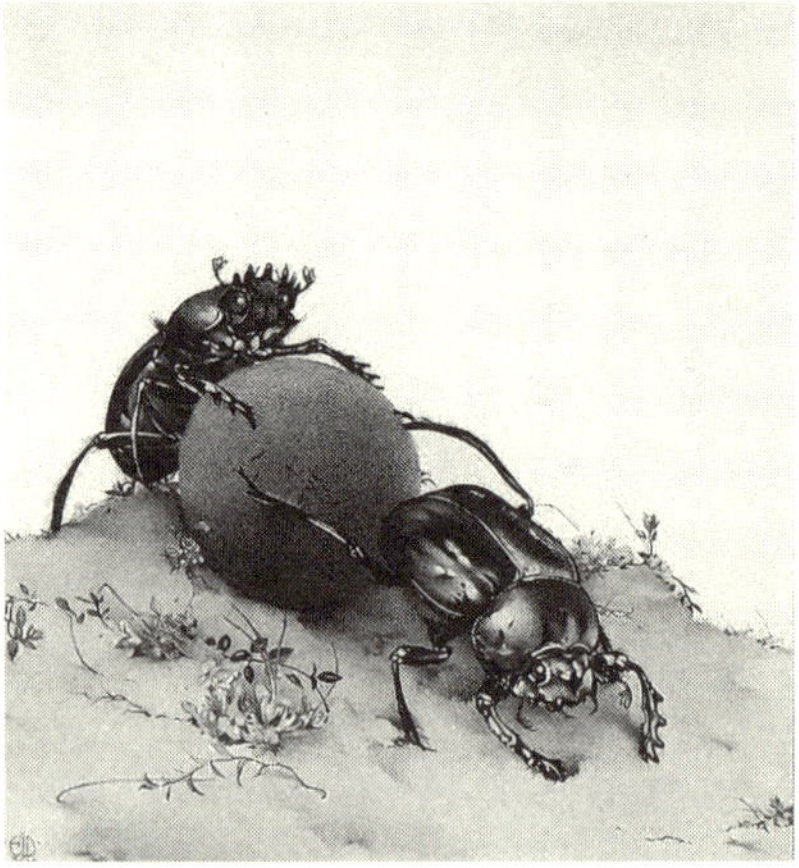
ファーブル『昆虫記』英語版の挿絵
（エドワード・デトモルト画、1921 年）

『昆虫記』五巻のスカラベと糞玉。人々はこの球に、一日で一回転する天体の世界をみたのである。そしてスカラベは神に列せられた。古代エジプト人は、スカラベが球を東から西へ、つまり世界の動く方向に転がしているのだと語っている。それから虫は球を二十八日のあいだ、地中にうめておく。この四週間という抱卵の時期に、この球造りの一族に生命が吹き込まれるのだ。そして二十九日目に
――スカラベはこの日が月と太陽が会合する日であり、世

界がうまれる日であると知っているというのだが―― 埋めた球のところへ戻ってきて掘り出し、切り開いてナイル河のなかに投げ込む。これで一つの周期が終わることになる。聖なる水のなかに漬けられると、球の中から一頭のスカラベが出てくるのである。

『昆虫記』十巻は、ミノタウロスセンチコガネ、学名ミノタウロス・ティフォエウス（新学名ティフォエウス・ティフォエウス）について記述する。一巻がスカラベ・サクレについてであったのに対応する（五巻はティフォンタマオシコガネである。*Scarabaeus typhon*。一巻も実際はスカラベ・サクレではなく、よく似た別種のティフォンタマオシコガネだったらしい）。

Myrmidon ミュルミドンともいうべきコマユバチは優雅なほっそりした虫。ギリシャ神話では蟻が変身したとされる（二巻の訳注）。

ファーブルの教師時代の思い出の中で、染料のアカネを

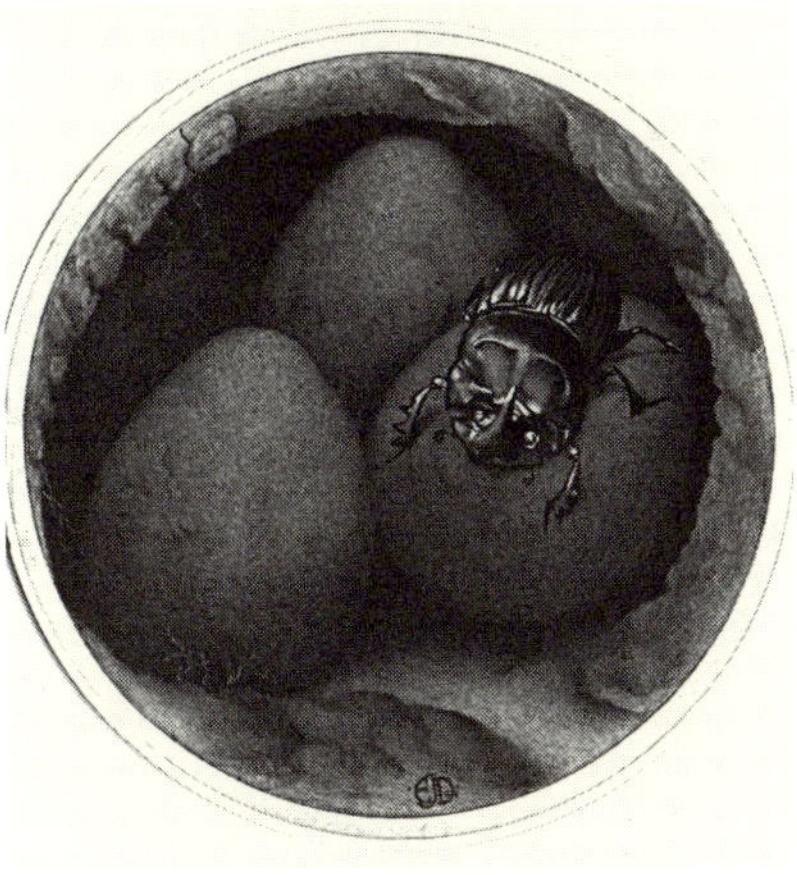

ファーブル『昆虫記』英語版の挿絵
（エドワード・デトモルト画、1921 年）

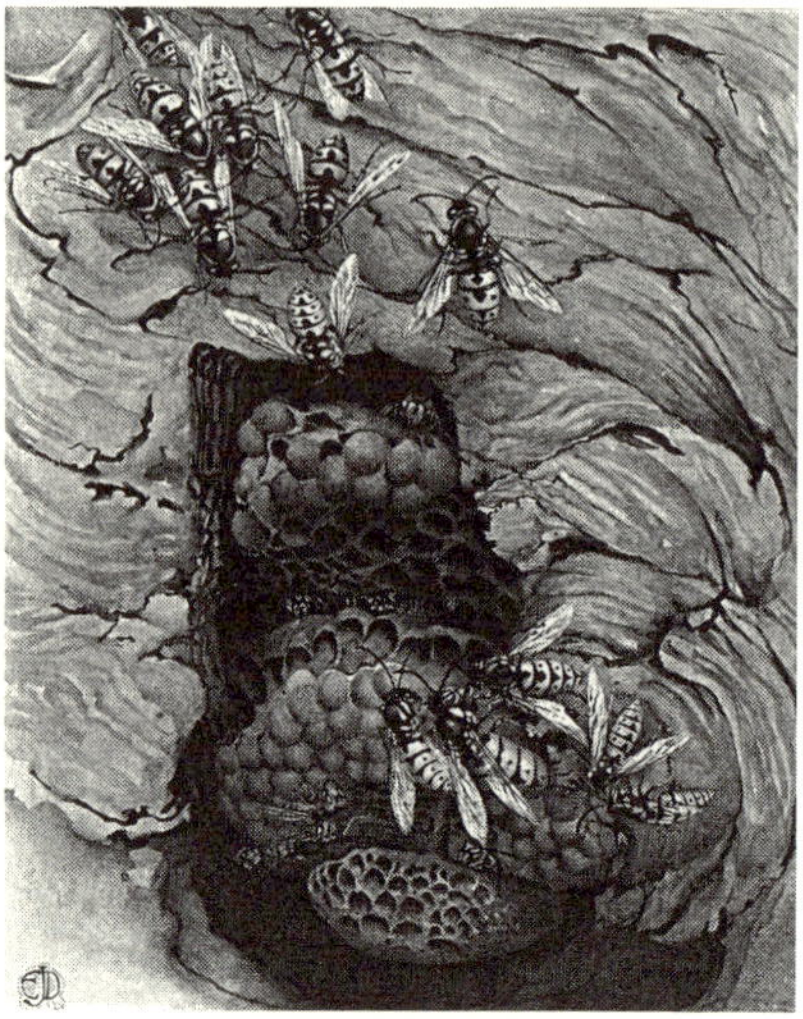

ファーブル『昆虫記』英語版の挿絵
（エドワード・デトモルト画、1921年）

抽出する設備を完成させたところで、その染料の化学合成ができるようになったというニュースがはいって意気消沈したとき、「梃子をかえて、シジフォスの岩をもう一度転がしてみることにしよう」と言ったという。糞球をころがすスカラベのように（十巻）。

かくてシジフォスの苦役が始まる。とてつもなく巨大な荷物の球は、一歩一歩、用心に用心を重ねてやっとのことで、ある高さまで運び上げられる（一巻）。

ロートレアモンの『マルドロールの歌』に一頭のスカラべが大地の上を転がしてゆくところが描かれる。一個の巨大な球を。

キアゲハの種名マカオンは、ギリシャ神話の登場人物の名で、彼は医療の心得があり、スパルタの王メネラオスの傷を治した。*Papillio machaon* Linne。

復讐は神々の悦楽と言われる（イーオーにアブをおくったヘラのように、神々は復讐のために害虫をおくってよこす。それを神々の「悦楽」と誰が言ったのかはしらない)(一巻)。

「オオクジャクガの夕べ」、「それはわすれられぬ夕べだった」。まゆから羽化したオオクジャクガの雌を籠に入れてまどべにおいておいたところ、無数のオオクジャクガの雄がおしよせてきたのである。ファーブルはこれを特殊なにおいであるとつきとめたが、今日ではフェロモンと呼ばれる物質である(七巻)。

オオモンシロチョウの学名の変更。*papillio brassicae* から、*Pieris brassicae* へ、pieris はムーサの別名(昆虫の学名にはギリシャ神話の神々の名前がよく使われる)。

蜘蛛の一種にクロトヒラタグモというものがある。九巻に記述がある。クロトは、モルフォ姉妹の長女で、紡ぐもの、二女がラケシス、配る者(運命の糸を配分)、末娘がアトロポス、変えられないもの、生命の糸をたちきるものである。

サソリは節足動物門、鋏角亜門、クモ上綱、クモ綱、クモ亜綱、サソリ目である。

北欧神話ではロキがハエになって女神フレイヤのところへ侵入したりする(九巻)。

「昆虫の世界は驚異にみちている」(十巻)。

二、虫をめぐる思索

虫の観察から人間について、社会について思索した人たちといえば、たいていの昆虫学者がそれにあたるだろう。逆に歴史家や文学者が、昆虫学には縁遠いにもかかわらず、虫について思索した例がいくつもある。これは虫好きの文学者・哲学者というものとは一線を画している。たとえばブリュネルが『変身の神話』を、シガノスが『昆虫の神話』をあらわしたが、このふたりとも昆虫がとくに好きだというわけではない。

◎ジュール・ミシュレ『虫』一八五八

近代歴史学の祖であるジュール・ミシュレ(一七九八〜

一八七四）は、『フランス史』『ローマ史』や『魔女』などのほかに、『鳥』や『山』『海』などの博物学の著作をあらわした。『虫』では、蜜蜂は君主制を、蟻は共和制をあらわす、という。「神は世界をつくり、悪魔は昆虫を作った」。これは「ドイツの空想家」の説としてあるが、フランスでは「神が蜜蜂をつくり、悪魔がスズメバチをつくった」などという。人間を中心にしたご都合主義であり、虫たちに優劣善悪はない。昆虫は「あらゆる生物のうちで、最も多く愛する」ともいうが、多くの昆虫は子供に対する母性愛はほとんどない。また雌雄の愛でも、多くは、雄はただ一回の交尾で死んでしまう。雌も産卵すれば死ぬ。人間、たとえばドン・ファンのように数多く愛する動物は昆虫とは比較できない。昆虫は「母性的才能ははなはだしく発達して（…⋯）共和国や都市を建設せしめるに至った」というのはしたがって「母性的」というところに留保が必要だが、女王バチ、女王アリを中心にして「都市」をつくる建設的動物としての昆虫があるというところは事実であろう。昆虫の一部には社会性動物がいて、都市を建築する。もっとも白蟻などを見れば、人間にとっては、かれらの「建築」はときとして「破壊」である。その意味で、ミシュレが「昆虫は偉大な破壊者兼建設者である」というのは正しいだろう。

ジュール・ミシュレの肖像（トマ・クチュール画、カルナヴァレ美術館蔵）

ミシュレが前著『鳥』などを頭において、「私たちは理解しあった。愛した。言葉を交わした」というとき、虫たちとは、音声によるコミュニケーションが成立しないことはみとめざるをえない。「大空からおりて、暗い王国の入口に立ち、不可解で沈黙した夜の息子たちの前に来ると、私はどんな言語を、どんな知性の記号を発明しなければならないのか？　昆虫と理解し合う手段」はあるのかと問わざるをえない。コオロギや蟬のように音響を発する虫はいるが、それはどうやら「言語」ではない。犬や馬はかなりなまでに人間の言語を理解し、止まれ、進め、待て、といった言葉を理解する。また犬が吠えたときは、なんらかの欲求を表現しているか、あるいは敵の存在を知らせていると理解することができる。鳥の歌は求愛の歌である。その点はコオロギの鳴き声も同じかもしれないが、虫のなかで、人間に聞き取れる「声」あるいは「歌」をもっているものはごくわずかである。大多数は彼ら相互には何らかのコミュニケーションの手段があるとしても、人間に対しては「沈黙した夜の息子たち」である。なお、コオロギでも鳴かないコオロギがいる。鳴き声も求愛ばかりではなく、「呼び鳴き」、「脅し鳴き」などもあるという（『虫のはなしⅠ』）。人間同士でも「以心伝心」というような非言語的コミュニケーションはありうる。とくに男女間においては、そのような非言語コミュニケーションが重要かもしれない。

ミシュレは当時としてはフェミニストである。そしてこの『虫』も『鳥』とおなじくミシュレ夫人の協力でできあがっている。したがって、随所に「婦人はすぐれた観察家」であるといった女性へのオマージュがちりばめられている。この点は「虫めづる姫君」のあとは虫好きの女性にとぼしい我が国とは事情を異にしているというべきかもしれない。

彼はまずスイスのルツェルンの郊外の森で切り倒された木の幹から地下ふかくもぐってゆく蟻の巣を発見して「数々の共和国や帝国の没落」について夢想にふける。そしてパリに戻ってからは郊外のフォンテーヌブローの森で[33]、「この場所の真の住民である」蟻たちの働きぶりに目をみはる。そこで「精神を集中させ、思想の畑を圧縮する」。「魂はそこに根をはやし、人生の真の意味、玄妙の意味」を追求する。

精神は再びスイスへむかう。そこで今度はミシュレ夫人がクワガタをみつけてもちかえる。ミシュレはその虫の観察に我を忘れ、アルプスの山々の眺めさえ忘れた。彼の思索は大洋の珊瑚礁の島の形成にもむけられた。「どんな生物でも、地球に対して昆虫以上に影響を及ぼすものはないだろう」。それは各個体の更新、愛と死によっている。

そしてまたミシュレ一家はフォンテーヌブローに戻ってきた。今度は蜜蜂が小さな巣をつくるところを観察した。かくして歴史家が博物学者に変貌したのである。

昆虫は胎児である。胎児のまま母胎の外へ投げ出されたのである、とミシュレは言う。

昆虫は暗黒の子である。幼虫は光をさける。

昆虫はその胎児の生活から蛹になり、変態をして明るい光のなかに飛び立つ。

ガリレオは望遠鏡で天体を見た。スワンメルダム（一六三七〜八〇、オランダの生物学者）は顕微鏡で、微小なものを見た。「天空の無限を前にしてガリレオは驚きよりも喜びを感じた。微視的世界の無限を前にしたスワンメルダムは恐怖にとらえられた」。昆虫学者、解剖学者のスワンメルダムは貧窮のうちに四十三歳の生涯を閉じた。ミシュレの『虫』のなかの「スワンメルダム」の章は、彼の功績を讃えてやまない。

ミシュレはまた「各種類間の均衡がのぞましい。あらゆる種類がそれぞれに有用である」として、今日の環境論を先取りしている。これは『鳥』についで、『虫』を書いた彼ならではの確信である。鳥がすべての虫を食べるわけではない。毒や苦みがあって鳥が食べない虫もいる。また、有用な虫もいる。虫もまた自然界の均衡に貢献している。「一日に千匹もの昆虫を殺すすぐれた殺戮者たるトンボを殺す」ものは「かれ自身が昆虫たちのために役立っていることをしらない」。「虫食い虫は人間の保護をうけるべき歴然たる権利をもっている」。

蜘蛛の章で紹介している話は感動的である。天才的なヴァイオリニストが少年時代、部屋に閉じ込められて蜘蛛だけを友として練習をしていた。蜘蛛は彼の腕にのぼってきて、彼の演奏に聞き惚れるのだった。あるとき、そこに継母がやってきて、蜘蛛をみつけるやスリッパでたたきおとした。少年は「卒倒し、三か月のあいだ病床に横たわって、あやうく死ぬところだった」。音楽を解する蜘蛛の話や、牢獄の孤独をなぐさめた蜘蛛の話はよく語られる。

蟻の章では、蟻の社会に奴隷制があることに衝撃をうけている。蟻の社会には奴隷だけではなく、軍隊もあり、階級制度もある。ミシュレは蟻たちの戦争の様子も目撃した。昆虫の世界は驚異だけではない。

おなじ社会性昆虫でも蜜蜂についてはミシュレは好意的である。スズメバチと比較して、かたやスパルタ、かたやアテナイであるという。さらにそれは君主制でもなく、女王蜂も女王ではなく、母親であるという。「だれも命令するものはいない」、民主的な社会なのだ。「蜜蜂と蟻は昆虫の最高の調和をわたしたちに示している」「蟻にあっても蜜蜂にあっても、母性が社会的原理である。しかし友愛がそこに根を張り、花咲き、高くそびえたつのである」。

◎モーリス・メーテルリンク『蟻の生活』一九三〇、『蜜蜂の生活』一九〇一、『シロアリの生活』一九二六

『青い鳥』や『ペレアスとメリザンド』によって名高いノーベル賞作家メーテルリンク（一八六二〜一九四九）は同時に「博物神秘学者」だった。

メーテルリンクの社会性昆虫三部作は『蜜蜂』『シロアリ』『蟻』の順で発表された。蜜蜂については自身、養蜂をこころみており、実地の知識をもっていた。『シロアリ』はそれに対して「昼と夜」のような世界で「未知の奇異な世界」であった。蟻はその点、その両者の中間にあって、よく知られた身近な動物だったと思われる。しかし、その世界は「すべてを知っているように思いこんでいても、実はほとんど何も知らず、少しばかりわかってくると、今度は知らないことのあまりの多さに驚嘆してしまう」世界である。蜜蜂やシロアリには「典型的な」社会があり、「一つのブロック」を形成している。一例をもって全体を描写できるのである。それに対して、蟻の社会は多様で、「種類が異なるだけ、生態がちがっている」。メーテルリンクは蟻についてレオミュール（一六八三〜一七五七、フランスの博物学者）の業績を参照することから始める。それに続くのは、ピエール・ユベールとフォレルの業績である。

レオミュールによれば、蟻は「他の昆虫を捕え、その肉のみを食べて生活した昆虫食性から、アリマキ飼育性、すなわち牧畜へ、ついでキノコ栽培性、すなわち農業および菜食性へ移った」。これは「狩猟・牧畜・農業とつづく人類の進化」に似ている。

「蟻塚はただひとつの個体である」。個々の蟻は細胞に相当する。

蟻は「この地球上でもっとも高貴で慈悲深い、寛容で献身的かつ愛他的な存在である」。

「蟻は平和主義者である」。しかし同時に「蟻だけが軍隊を組織し、攻撃的戦争をくわだてる」、「高度に洗練された彼らの文明形態そのものが、もっとも知性的な蟻をして、非好戦的で友好的な種族に対する戦争へと、ほとんど避けがたく彼らを駆り立てる」。

負けた蟻の部族は巣から追いだされ、卵や幼虫や蛹は勝者の巣に運ばれ、「世話され、養育されて、」奴隷になる。

本書はこのあと「コミュニケーション」「牧畜」「栽培」について述べているが、これらについては近年の研究成果にあたったほうがいいだろう。なお、シロアリは巨大な蟻塚をつくることで知られており、日本のように木造家屋を土台からくいつくす害虫とは認識されていない。

◎アンドレ・シガノス『昆虫の神話学　魅惑の物語』一九八五

シガノスは文学を教えるかたわら外交官としても活躍、近年はスリラーを書いているが、文学研究では「ミノタウロスの神話」、「孤独」、あるいは大江健三郎についての著作などをあらわした。『昆虫の神話学』は『イルカの神話学』に続く、比較的初期の著作である。

「この本は魅惑の結果」である。昆虫の変態の不思議さや、蝶の美しさなどを前にした「魅惑」から始まっている。「昆虫の魔術、元型的創造力[34]に淵源するもの、その神話は幻想に包括される」。「蛹は不思議なミイラになる。毛虫とその変態は天にあこがれる我々の心身における段階的な成長をあらわしている」。「昆虫の成虫はシャーマン的なエクスタシーに手を貸す。究極の知恵がそこにある」。「人間の成虫態は死後のありようである」。

　一方、昆虫のなかには病気を引き起こすものもいる。「悪魔的な存在である黒い虫」だ。その黒い虫はわれわれの無意識の奥底に巣くってその悪徳の力を発揮する」。

　ロンサールがうたった春の蝶はエロチスムのよりどころとなる。ノディエやネルヴァルは蛹の神秘について思索する。[35]

　蜂はその蜜で神々を養った。エペソスのアルテミスの司祭は蜜蜂の王と呼ばれる。アルテミス像には蜜蜂が刻まれている。[36] デルポイの巫女も蜜蜂と呼ばれていた。オシリスも蜜蜂という名前の土地の神だった。蜜蜂は神と人間との仲介者と考えられていたのであろう。また、魂の形ともみなされていた。ユゴーによれば、花から花へ飛びうつる蜜蜂は星から星へうつる魂だ。昆虫の構造物では蜂の巣は人間の都会をあらわし、シロアリの蟻塚はピラミッドのような記念物に相当する。

　一方、ある種の昆虫は人間の攻撃性の投影である。巨大な蟻の幻想などがそれにあたる。もっとも蟻の世界では雄はかえりみられない。

三、フランスの詩

　詩の翻訳はすべて筆者による。かなり自由な訳にした。原文から離れたところもあるので、原文を添えておく。

◎ラマルティーヌ『蝶』一八二三

春うまれて、薔薇とともに死ぬ
西風にのって青空のもとにおよぐ
咲いたばかりの花のうてなにゆられ
香と光と青空に酔い
まだ若い翅の鱗粉をちらし
永遠の天蓋へむかって一息にとんでゆく
魅惑的な運命の蝶

さだまることのない欲望にも似て
みたされることなく、あらゆるものをかすめてゆく
そして最後は悦楽をもとめて空へかえってゆく！

le Papillon

Naître avec le printemps, mourir avec les roses,
Sur l'aile du zéphyr nager dans un ciel pur,
Balancé sur le sein des fleurs à peine écloses,
S'enivrer de parfums, de lumière et d'azur,
Secouant, jeune encor, la poudre de ses ailes,
S'envoler comme un souffle aux voûtes éternelles,
Voilà du papillon le destin enchanté!
Il ressemble au désir, qui jamais ne se pose,
Et sans se satisfaire, effleurant toute chose,
Retourne enfin au ciel chercher la volupté!

抒情詩人アルフォンス・ド・ラマルティーヌ（一七九〇～一八六九）らしい蝶のうたである。ただし、「最後」は、「悦楽をもとめて空へかえってゆく」かわりに、「ちからつきて、地に横たわる」であろう。羽化したあとは、卵を産んで死んでゆく束の間の生、その悲しさは語らない。あるいは鳥にも食われよう、みぞれにも打たれよう、蜘蛛に捕らえられるかもしれない。美しいものが必然的におびる死の影を語るにはこの詩人は楽天的すぎたのだろう。

◎ゴーティエ『蜻蛉』一八三〇

露にぬれたヒースのうえ
野バラの茂みのうえに
影の濃い森に
道端にはえる生垣のうえに

ちいさなつつましい雛菊は
夢見るように首をかたむけ
なみうつような緑の麦ばたけは
きまぐれな風にゆれ

牧場や丘の下には
色とりどりののはらに
花かざりがひろがり
野原の上や
おおきな楡の木の上で

蜻蛉はたゆたう
曇り空のへりから
太陽がきらきらとのぞくと
蜻蛉はきらめく
アリエル天使の視線のように。

木陰道のかたわら
羽虫のざわめきのあいだを
その輪舞にまざり
きまぐれに
おなじ輪をえがく。

まもなく蜻蛉はとんでゆく
ふきあげる噴水の水とたわむれ
空中に舞い上がり、舞い降り、転回し
ざわめく小川のように流れさる。

そよかぜより速く
きまぐれに飛んでゆく
澄んだ水をかすめ
うれい顔のやなぎが
影をおとし、みとれる

榛の木のかたわらで
白と黄色の睡蓮が
ささやく流れにうかんで
ぬれながら
そのいろどりにさきほこる

雲が影をおとす

夏のはれた空がうつりゆく
日のひかりがそこにうつる
まるでオリエントの太陽のように。

灰色のつばめが
そのかたわらを
とびゆき、紺碧の水面をちぢらせ
まるくとびかいながら
澄んだ水のうえを
蜻蛉はすばやく逃げる。

森からは鳥の声が
さわやかな野原からはかぐわしい香りが
湖水はきらめき、丘は青く
空には雲がうかび
広い地平には
突兀たる岩山もある。

ひろびろとした世界だ
真珠色の蜻蛉が
空の花のようにきまぐれに
透明に
バラ色とみどりにきらめく

窮屈な家庭で
娘たちはいくど
夢見たろうか
蜻蛉のように
自由になりたいと。

La Demoiselle

Sur la bruyère arrosée
De rosée ;
Sur le buisson d'églantier ;
Sur les ombreuses futaies ;
Sur les haies

Croissant au bord du sentier ;

Sur la modeste et petite
Marguerite,
Qui penche son front rêvant ;
Sur le seigle, verte houle
Qui déroule
Le caprice ailé du vent ;

Sur les prés, sur la colline
Qui s'incline
Vers le champ bariolé
De pittoresques guirlandes ;
Sur les landes;
Sur le grand orme isolé,

La demoiselle se berce ;
Et s'il perce
Dans la brume, au bord du ciel,
Un rayon d'or qui scintille,
Elle brille

Comme un regard d'Ariel.

Traversant, près des charmilles,
Les familles
Des bourdonnants moucherons,
Elle se mêle à leur ronde
Vagabonde,
Et comme eux décrit des ronds.

Bientôt elle vole et joue
Sur la roue
Du jet d'eau qui, s'élançant
Dans les airs, retombe, roule
Et s'écoule
En un ruisseau bruissant.

Plus rapide que la brise,
Elle frise,
Dans son vol capricieux,
L'eau transparente où se mire
Et s'admire

Le saule au front soucieux ;

Où, s'entr'ouvrant blancs et jaunes,
Près des aunes,
Les deux nénuphars en fleurs,
Au gré du flot qui gazouille
Et les mouille,
Étalent leurs deux couleurs ;

Où se baigne le nuage ;
Où voyage
Le ciel d'été souriant ;
Où le soleil plonge, tremble,
Et ressemble
Au beau soleil d'Orient.

Et quand la grise hirondelle
Auprès d'elle
Passe, et ride à plis d'azur,
Dans sa chasse circulaire,
L'onde claire,
Elle s'enfuit d'un vol sûr.

Bois qui chantent, fraîches plaines
D'odeurs pleines,
Lacs de moire, coteaux bleus,
Ciel où le nuage passe,
Large espace,
Monts aux rochers anguleux,

Voilà l'immense domaine
Où promène
Ses caprices, fleur des airs,
La demoiselle nacrée,
Diaprée
De reflets roses et verts.

Dans son étroite famille,
Quelle fille
N'a pas vingt fois souhaité,
Rêveuse, d'être comme elle
Demoiselle,

ギュスターヴ・モローの水彩画《トンボ》1884 年

Demoiselle en liberté ?

『死女の恋』のような怪奇小説も書いたテオフィル・ゴーティエ（一八一一〜七二）だが、詩では美しい風景の叙景に徹していた。「蜻蛉のように自由」という娘たちの願望は西洋の詩の伝統のなかではいくぶん異色である。「小鳥のように自由」とはいう。小鳥のように楽しく歌をうたい、枝から枝に飛びかい、花の蜜を吸う。それに対して、昆虫は蝶であってもトンボでも美しい歌はうたえないし、蝶であればすぐに鳥に食べられる。トンボはその点、比較的すばやい飛翔力をもっているが、燕などに狙われたらかなわない。水辺の茎にとまっていても、鳥の影にはおびえなければならない。「蜻蛉のように自由」であるより「蜻蛉のようにひよわ」なものかもしれない。より小さい虫は捕らえて食べてしまう蜻蛉は、自分自身、より大きな鳥には食べられる。叙景詩としては少し長すぎる。

◎ネルヴァル『蝶』（抄）一八三〇

冬にないもので、なにがいい？
バラもいい、緑の牧場の風景もいい
黄金色の髪のような麦畑もいい
サヨナキドリの歌もいい
でも一番は蝶！
ひらひらと飛ぶ茎のない花を
網ですくいとる
無限の自然のなかの
鳥と花のあいだのハーモニー！
すばらしい夏がもどってくると
ひとりで森へでかける
丈高い草のなかに横たわり
緑の死衣につつまれて。
あおむく顔のうえを
つぎつぎにとんでゆく
詩か愛か、そんな思いのように！

les Papillons

De toutes les belles choses
Qui nous manquent en hiver,
Qu'aimez-vous mieux ? – Moi, les roses ;
– Moi, l'aspect d'un beau pré vert ;
– Moi, la moisson blondissante,
Chevelure des sillons ;
– Moi, le rossignol qui chante ;
– Et moi, les beaux papillons !
Le papillon, fleur sans tige,
Qui voltige,
Que l'on cueille en un réseau ;
Dans la nature infinie,
Harmonie
Entre la plante et l'oiseau !...
Quand revient l'été superbe,
Je m'en vais au bois tout seul :
Je m'étends dans la grande herbe,
Perdu dans ce vert linceul.
Sur ma tête renversée,

Là, chacun d'eux à son tour,
Passe comme une pensée
De poésie ou d'amour !

初期のネルヴァルの詩では『ファンテジー』が屈指の作で、この『蝶』はいくぶん冗長である。のちには『シメール』詩群で、「狂気の鬼にとらえられた絶望」を歌うネルヴァルは、『蝶』のころはまだ幸せだったのか、それともただの花鳥風月の詠唱詩人でしかなかったのかわからないが、緑の草のなかに横たわりというところで、「緑の衣」といわず「緑の死衣」と言ったのは若年から死にとりつかれていたせいであろう。最後の（実際はこのあともっと続くのだが）「詩か愛か、そんな思い」のように飛ぶ蝶は「死か愛か」であったかもしれない。このあとにはどくろ模様の蛾も登場する。

◎ランボー『母音』（抄）一八七一

Aは黒、Eは白、Iは赤、Uは緑、Oは青、母音たちよ
いつの日かきみたちのひそかな誕生を語ろう
Aはきらめく蝿の毛のはえた胴
もうれつな腐臭のまわりを飛びまわる

les Voyelles

A noir, E blanc, I rouge, U vert, O bleu : voyelles,
Je dirai quelque jour vos naissances latentes :
A, noir corset velu des mouches éclatantes
Qui bombinent autour des puanteurs cruelles,

ランボーは「酔いどれ船」を、五月の蝶のような子供の舟でしめくくるが、

Où les serpents géants dévorés de punaises

の詩行では南京虫に喰われた大蛇も描いている。
これらはボードレールの『腐肉』の、

くさった腹の上をとびまわる蝿

そこからはどろりとした液体のように
黒い蛆虫の群れがでてくる。

Les mouches bourdonnaient sur ce ventre putride,
D'où sortaient de noirs bataillons
De larves, qui coulaient comme un épais liquide
Le long de ces vivants haillons.

に通ずる感覚である。フランスの詩には蝶より蠅がふさわしい。

◎ランボー『虱を探す女たち』(抄)　一八七一

かぐわしい沈黙のうちに
彼女たちのまつげが瞬く音がきこえる
彼女たちの優しく繊細な指が灰色のけだるさのなかに
その気高い爪の先で虱をつぶす

les Chercheuses de poux

Il entend leurs cils noirs battant sous les silences
Parfumés ; et leurs doigts électriques et doux
Font crépiter parmi ses grises indolences
Sous leurs ongles royaux la mort des petits poux.

猿たちだと互いに毛づくろいをして蚤をとるのは友好のしるしだが、ここは、少年ランボーが、年かさの女たちの膝のうえで虱をとってもらうさいの肉欲的快感を語っている。ランボーはいつも汚くしていて虱をわかしていたらしい。

四、日本の文学

日本文学の世界では尾崎一雄の『虫のいろいろ』、梶井基次郎の『冬の蠅』、志賀直哉『蜻蛉』などがある。外国文学では前述のように、ファーブルの『昆虫記』があり、シュナックの『蝶の生活』、メーテルリンクの『蟻の生活』『蜜蜂の生活』、ミシュレの『昆虫』がある。それとくらべて日本文学が虫について敏感であるとしても、「虫の形而上学」としてはさみしい。一般に日本人は虫を身近なものとしてとらえ、かつ、蛍や鳴く虫の情感をゆたかに表現しているというが、虫の文学としては、かならずしも日本が質量ともに諸外国より抜きん出ているとはいえない。ただ、蝶にしても、蝉にしても、キリギリスにしても、はかないもの、すぐに死ぬものという哀感は常ににじみでている。例外は「虫愛ずる姫君」だろうが、この作品の諧謔を理解しないと誤解する。

◎正岡子規[37]『蝶』一八九九

○空はうらゝかに風はあたゝかで、今日は天上に神様だちの舞踏会のあるといふ日の昼過、白い蝶と黄な蝶との二つが余念無く野辺に隠れんぼをして遊んで居る。今度は白い蝶の隠れる番で、白い蝶は百姓家の裏の卯の花垣根に干してある白布の上にちよいととまつて静まつて居ると、黄な

藤島武二《蝶》1904 年

蝶はそこらの隅々を探して、釣瓶の中や井の中を見たが何処にも居らんので稍失望した様子であつた。忽ち思ひついたかして彼方の垣の隅へ往て葵の花を上から下へ一々に覗いても矢張こゝにも居らんので、仕方無しにもとの井戸端に帰らうとして、ふと干し布の上の白い蝶を見つけた。……遠くも近くも霞みながらに暮れて、かづきかけたやうな月がぼんやりと上つた時、空遥かに愉快さうな音楽が聞えた。丁度今は六番目の舞踏で、美の神が胡蝶の舞を始めた処であつた。

○独り病牀にちゞかまりて四十度以下の寒さに苦む時、外に遊び居たる隣の子が、あれ蝶々が蝶々がといふ声を聴いて一道の春は我が心の中に生じた。それはたしか二月の九日であつた。

　病床の日々の憂悶を戸外の子供たちの声がいっとき慰め、冬の日の蝶の舞の幻想をさそった。

◎小泉八雲[38]『草ひばり』一九〇二

　十一月の末まで暖かい部屋で草ひばりを鳴かしていたのが、つい二、三日えさと水を忘れたせいで死なせてしまった。そのことで下女をしかっているものの、人に世話を頼むようなことではなかったろう。それほど大切なものなら、なぜ自分で世話をしなかったのだろう。

◎小泉八雲「蝶の幻想」（『蝶の幻想』より）

　ある寺の墓地裏にひとりの老人が住んでいた。その老人がいよいよ死のうというとき、大きな蝶が一匹部屋に入ってきて、病人の枕にとまった。追っても追っても戻ってきたが、門を開けて外へ出すと墓地へ飛んでいって、一基の墓のところで姿が消えた。墓には女の名前が刻まれていた。老人がむかし言い交したいいなづけだった。部屋へ戻ってみると老人は軽く微笑みながら息絶えていた。

◎小泉八雲「蠅」（『蝶の幻想』より）

親をなくした少女が京都の商人の家でかわいがられて働

いていたが、あるときぽっくりと死んでしまった。それから十日ほどたつと、大きな蝿が飛んできて、商人の顔のまわりを飛んで、追っても追ってもはなれなかった。これはきっとあの少女の魂だ。供養をして欲しいのだろうと言うと、蝿はぽとりと落ちて死んだ。商人は寺へ行って供養をした。

◎泉鏡花[39]『雌蝶』一九〇八

鏡花にはハンミョウの話なら『龍潭譚』、トンボなら『縷紅新草』そして蝶なら『雌蝶』がある。「ふわふわと舞い上がったのは一羽の蝶々」、それに誘われて庭にはいった。蝶はふとみうしなったが、「今またみつけた胡蝶の翼の、軽く浮き沈みする様は、ふっくりした娘の手らしい」。蝶々は、白銀の鈴のような百合の花に翼をやすめた。とその蝶が「はらりとおちた」。首筋に蜘蛛が一匹くいついていた。たもとのマッチをすると、クモはおどろいて逃げた。そして蝶もまたひらりととんだ。とみれば、その家で祝言をあげたばかりの新郎新婦が顔をだす。蝶はまだ十七の新婦であったろう。むくつけき蜘蛛がその頸筋にというのは新婦を抱擁する新郎の比喩であったろう。語り手は人のものとなった少女を惜しんでその新婚の床のある座敷の前の庭にしのびこんで、様子をさぐるでもなく、たたずんでいたのである。

ハンミョウは無毒である。鏡花の『龍潭譚』は、赤い躑躅がどこまでも咲いている山のなかをハンミョウが先にたって飛ぶのを追っているうちに道に迷った少年の物語だが、そのハンミョウをとらえて、石でつぶしたあと、顔がはれあがって、二目と見られない顔になったというのは、無毒のハンミョウと、有毒のツチハンミョウを混同したせいだろうという（奥本ほか）。顔がはれたのはともかく、ハンミョウにさそわれて山中の異界へ行ったのだ。そこには美しい女がいた。しかし、その隠れ里は大雨で流されてあとかたもなくなる。山中の隠れ里が洪水で流されて村がなくなる話は『高野聖』にもあるが、『高野聖』では妖姫がひとりのこされる。

◎芥川龍之介[40]「虱」、「酒虫」一九一六

　船中で虱を集めて懐へ入れてあたたまっている男と、同じ虱を片端から食べている男がいて、刃傷沙汰をおこそうとした（「虱」）。

　朝から晩まで盃を離したことのない男が、異国の僧の言を信じて、身中の「酒虫《しゅちゅう》」を吐き出したところ、どんどん家産も傾き、本人の体調も悪化したという（『聊斎志異』から「酒虫」）。

◎小川未明[41]『月夜とめがね』一九二二

　おばあさんが針仕事をしていると眼鏡売りがきた。眼鏡を買うとなんでも若いころのようによく見えた。そのうちまただれかがやってきた。さっそく眼鏡をかけてみると、十二、三の少女と見えたものは一羽の胡蝶だった。

◎宮沢賢治[42]『毒蛾』一九二二

　一九二二年の実際の毒蛾騒動に即しているといわれる。イーハトブの首都マリオでは、どこもかしこも窓をとざして厳重警戒をしている。街には包帯をした人があるいている。いたるところに石油ランプがつるされている。ある意味では祭りの日のようでもある。ふだんとはちがう雰囲気がただよっている。そこにどのような驚異が出現するのかと期待されるが、物語にはなにもおこらない。毒蛾にさされたのも語り手がみたかぎりでは床屋の客ひとりである。ほかの町へゆくとそこでは噂はやかましいものの実際の被害はないようである。大学では検査のために毒蛾を採集しようとしたが、四時間かかって一匹つかまえただけだという。「毒蛾なんて、てんでこの町には、でなかったんです」。じっさいにはそんなものかもしれない。これをペストや戦争の象徴のように見ると、異常現象はあっというまに国中にひろまるだろうと思われるが、このときの騒動は局地的で、被害もかなり軽微なものだったようだ。語り手はいつもとちがう町をなかば騒動にうかれたようにさまよってみるが、不思議な出来事にはであわない。つめくさの花にあかりがともる「ポラーノの広場」などとのちがいで、驚異の国のとびらはとざされたままだった。

◎川端康成[43]『バッタと鈴虫』一九二四

子供たちが提灯をともして虫をとっている。なかのひとりが、「誰かバッタ欲しいものいないか」と何度も叫ぶ、最後に女の子が近寄って、虫をもらう。「あら、鈴虫だわ、バッタじゃなくってよ」。男の子が提灯をかかげて虫がよく見えるようにする。すると、提灯に書かれた男の子の名前が女の子の胸にうつった。少年よ、と作者は言う。「君が青年の日を迎えた時にも、女に「バッタだよ」と言って鈴虫を与え、女が「あら」と喜ぶのを見て会心の笑を漏らし給え」。しかし、作者の皮肉な目はもうひとつのドラマを見てもいた。「君もまたバッタのような女を捕えて鈴虫だと思い込んでいることになるのであろう」と。

◎国枝史郎[44]『神秘昆虫館』一九二七

三浦半島三崎のはずれに大池をかこむように外れ者たちの村落があり、それをみおろすように「神秘昆虫館」が建っている。蝶類の標本や装飾でうめつくされたオランダ風の館で、その主もオランダ風の装束をしている。この館の宝物は千年もまえにつくられたという人工の蝶（永世の蝶）の雌雄で、これがそろっていれば世界の富がはいってくる。その蝶をめぐって一ツ橋家と田安家の隠密たちが暗闘をくりひろげる。妖術師たちも活躍する。もちろん絶世の美女も登場し、さらわれたり、隠されたりする。無敵の剣士がその美女とめぐりあい、はなればなれになり、まためぐりあい、華麗な物語がつむがれる。

◎梶井基次郎[45]『冬の蠅』一九二八

半島の谷あいの村に湯治に来ている主人公は冬になって、元気がなくなった蠅が何匹も天井にはりついているのを見ていた。蠅は春まで生きてはいないだろう。主人公もまたいつまでも抜けない疲労を感じていた。蠅と彼とどちらが先にくたばるかの根くらべのような気持ちである。ある日、彼は郵便局へいった帰り、ふと半島の端の港町へゆく乗り合いバスに乗ってしまった。そして途中の峠でおりて、そこから港町まで歩いた。さらにそこから、つぎの温泉宿まで歩きだした。結局、その温泉町に三日滞在してもとの村に帰って来ると天井の蝿が一匹もいなくなっていた。留守のあいだ、窓も開けず、火もいれなかったために、寒さと飢えとで死んでしまったのだろう。主人公の「出奔」も常軌を逸した自殺行だったが、そこからなんとか死なずに戻って来たとき、蝿が死んでいたのである。それは彼を憂鬱にした。「私にも何か私を生かし、そしていつか私を殺してしまうきまぐれな条件があるような気がしたからであった。私はそいつの幅広い背を見たように思った」。夜の山のなかで闇の本質を見たような感じでもあったろう。彼はあきらかに死にとりつかれていた。それをふりはらって帰って来たとき、彼のほうこそ、その「幅広い背」にしがみついていたことに気がついたのである。

子規からここまでは病床に伏している病者の観察、あるいは空想が多い。ある時期、日本文学は病者の文学だった。

◎内田百閒[46]『百鬼園随筆』一九三三

百閒は乗り物が好きだった。汽車も汽船も好きだったが、初期の飛行機もだった。勤めていた法政大学の航空研究会の会長をしていた。しかし、飛行機は科学技術の粋のようにはとらえられていなかった。むしろそれは虫に近かった。「着陸して飛行場の草のうえを、のろりのろりと這ってくる恰好は甚だ間がぬけている。……雨にうたれた蛾が、庭石の上をばたばた這っているのとよく似ている。格納庫の前までくると大勢の人が飛行機のまわりにたかって、格納庫のなかに押し込む。……蟻が蛾を引張ってゆくのと変わらない」（「飛行場漫録」）。飛行場には犬がいる。この犬が飛行機のプロペラの風を利用して蚤を落とす。「立川の飛行場は蚤だらけの様な気が」した。

百閒が息子をなくしたときに書いた「蜻蛉眠る」は、自作の句「蜻蛉の眠りて暮れし垣根かな」をふまえ、かつ「蜻蛉釣り、きょうはどこまでいったやら」をもふまえている。蜻蛉は死者の亡魂の形とされたようである。蜻蛉の句「切通し岩に日の照る蜻蛉哉」。

百閒は鳴く虫にも感興をおぼえていた。「蟲のこゑごゑ」は、まず生家が没落してがらんどうになった酒倉にころぎが何千匹といついてその声が「大波がうねるように」聞こえてきた様子を語り、草ひばりや鉦叩《かねたた》きの「澄んだ美しい声」に耳をすます。

ハワード・エヴァンズによれば、ホーソンは「もしも月光が音だったら、きっとカンタンのような響きだろう」と言ったという。百閒の感受性もそれに近かった。

百閒は蝶についてはあまり詳しくはなかったようである。「金蛾」で、金色の蝶がやってきたといって珍しがっている。虫の羽の色が保護色なら、自分の家にも山吹色の大判小判が山となっているはずだと、戦災で焼け出された小屋暮らしで言う。蝶といえば、山寺で療養していた父親が死んだとき、父親が寝ていた座敷から黒い揚羽がひらひらと飛んだというのを死んだ父親の亡魂のように思ったらしく書いている。「次の世もまた次の世も黒揚羽」という今井豊の句（皆川博子の項参照）を思い出す。

親しかった死者の魂が蝶になってどこまでもついてくるなら、八十何歳かまで生きた百閒の身辺にもたえず蝶が幾羽も舞っていてもおかしくはなかった。あるいはそれはほかのものには見えない蝶であったかもしれない。老いた作家の目が、なにか見えないものを凝視して、呆然としていることが幾度となくあったのではないだろうか。

◎内田百閒「蜂」一九三八（『北溟』より）

鶯などを飼うのに蜂の子をとりよせてやる。それを小鳥屋が速達小包にして送ってくる。その途中で蜂に孵ってしまうのがいて、包みをあけると蜂がとびだしてびっくりする。二十歳のころ、故郷の実家で蜂に刺されたことがあり、かなり腫れ上がった。さらに幼いころの思い出で、山へ茸狩りに行ったとき、木のうろに何げなく棒を突き刺して大きな蜂が真っ黒な雲のようにわきだしておいかけてきた。「大人たちも色をうしなって逃げ出した。私もそのあとから夢中になって駆けだした」。刺されなくてよかったものの、死ぬこともあるような大きな蜂だったらしい。スズメバチだろうか。小鳥にやるのは小さな蜜蜂の子である。みているといかにもおいしそうに食べている。しかし自分も食べてみたいとは思わない。ほかの随筆で、雀が芋虫をくわえているのをみて気味が悪いと思ったりしている。

◎内田百閒「蛍」一九三八（『随筆新雨』より）

子供のころ住んだ家は、裏が田んぼになっていて、大きな蛍が飛んだ。「屋根の向こうに消えていった後まで、濡れた様な青い色の光りが眼に残って、もっと沢山蛍のゐる所に行つてみたいと思つた」。「夜寝るとき、蚊帳の中に蛍をいくつも放して貰つて、顔の上を飛び廻つてゐるのを見ながら眠つた覚えもある」。家のものといっしょに蛍が沢山でるところへ行った。「足元を矢の様に流れてゐる小川の水が、蛍のために底まで真青に光つてゐる」。

結局、こわくなって目をつぶってしまい、だれかに抱かれて帰ってきた。もの恐れする子供だったという。

◎室生犀星[47]『虫寺抄』一九四二

毎年買うならいにしていたキリギリスを買い損ねた年、新橋のほうの路地でキリギリスが鳴いているのに気がついてそちらへ行ってみると籠に入ったキリギリスがいた。つい手をのばそうとして思いとどまるが、そのあとはクツワムシをつかまえて籠に入れて冬になるまで飼ってみた。

キリギリスの籠に手をのばしたのは悪の誘惑だった。クツワムシを冬まで飼ったのも、自然に反する行為だった。虫の鑑賞という一見優雅な趣味に、自分勝手な悪の萌芽があった。

◎豊島与志雄[48]『白蛾』一九四六

ふしぎな美人にあって、ある日あいびきをした。床にはいって寝ていると蚊帳にばたばたとはばたく音がする。起きてみると白い大きな蛾がとまっていた。すると女も起きだして、しばらくその蛾を見つめていたかとおもうと、蚊帳の外へでて、着物をきて「もう帰りましょう」という。二人の間はそれっきりになった。しばらくして女の家へいってみると、あのひとは引っ越しましたよといわれる。故郷へ帰ったらしい。あのときの蛾は彼女を呼びに来たものだったのかもしれない。

この作者には『蜘蛛』（一九三三）もある。蜘蛛好きを自称して、蜘蛛好きは性格的に強者であると言っている。多摩川のほうからジョロウグモを何匹ももってきて、庭に巣をかけさせ、獲物を捕る様子をみて楽しんでいる。あるとき赤蜂が巣にかかった。蜂は蜘蛛の足にかみついて離さない。とおもっていると、一瞬のすきに蜘蛛が身を翻して、蜂に糸をはきかけて、がんじがらめにしてしまった。ところがその次の日にみると蜘蛛が地べたに落ちて動かない。そしてそのまわりに赤蜂が飛びまわっている。どうやら蜂が『今昔物語集』の蜂の復讐の話のように復讐をしたらしい。水上勉の『蜘蛛飼い』もジョロウグモの話である。

◎尾崎一雄[49]『虫のいろいろ』一九四八

あるとき病床で所在なく天井をながめていると「チゴイネルワイゼン」がきこえてきた。するとそれにあわせるように、どこからか蜘蛛が出てきて、長い足を一本一本ゆっくりと動かして、いくらか弾みのついた格好で壁面を歩き回りはじめたのだ。蜘蛛の踊り―とちょっと思ったが、踊るというほどはっきりした動作ではない。それが曲が終わると踊りをやめて、もとのところへひきこんだ。

同じ種類のクモが便所の二枚の窓のあいだに閉じ込められた。そのまま二か月ほどたった。根競べをするつもりだったが、掃除のおりに窓ガラスを開けて、逃がしてしまった。どっちかと言えば、いい方へ片がついた。

ここにはおでこで蠅をつかまえた話もある。額にとまった一匹の蠅、「そいつを追おうというはっきりした気持でもなく、私は眉をぐっとつり上げた。すると、急に私の額で、騒ぎがおこった。私のその動作によって額にできたしわが、蠅の足をしっかりとはさんでしまったのだ」。

◎大岡昇平[50]『武蔵野夫人』一九五〇

「鳥が通るのと同じ理由によって、ここはまたいわゆる『蝶の道』に選ばれていた。アゲハ、タテハ、モンシロその他さまざまの蝶が、流れに沿って咲いた花々に羽を畳みながら、庭を横切った。

この日も二羽のアゲハ蝶が野川のほうから飛んできて、池の上一間ばかりの高さの空間で舞っていた。一羽の翅は黒くおおきく、一羽は淡褐色で細かった。

黒い蝶はゆるやかに翅をあおっていた。淡褐色の蝶はその下に密着して、突き上げるように急がしく上下の運動を繰り返した。頭部が上の蝶の腹に触れるように見える瞬間、つと身を落とした。それからまた突き上げた。

黒い蝶は始終ゆっくりと落ち着いて、下の蝶の上昇する運動を上から絶えず押えているように見えた。二つの蝶はそうして下の蝶の急がしい飛翔のあいだに生ずるわずかなずれにしたがって、少しずつ池の上のほうへ移っていった。

（……）二人はさっきからこの蝶から目を離すことができなかった。背景の珊瑚樹も池も霞んで、二羽の蝶だけが浮き上がるように光って見えた。

二人にはこの蝶が雄雌の双いであると思われた。

（……）道子は下の蝶が雌だろうと想像した。雌は自分とおなじ苦しい片恋を抱き、上の鷹揚な雄蝶から逃れようとして、無益な飛翔を続けているのである。

（……）勉は下の蝶が雄だと思った。道子に憧れる彼の心は上の雌蝶に達したと思う瞬間、その無心にはじかれて離れねばならぬ。

（……）勉と道子の眼が合った。その互いの眼の輝きの意味を、二人はもう疑うことができなかった」。

これは「蝶の飛翔について」と題する章の末尾である。勉と道子のこころがぴったりあわさった瞬間を二羽の蝶の飛翔であらわしたものとして、従来、評家が、こぞって『武蔵野夫人』全編を象徴する部分としているところである。『赤と黒』の蝶の部分にも相当する。この蝶を道子の夫も見ていた。夫はそこへ飛び出して蝶を追い払った。なぜ蝶を追い払うのか、夫の嫉妬以外に説明はつかない。ふつうなら庭に来た蝶を追い払う理由はない。蝶をみていた勉と道子の心を読んだのである。

◎澤野久雄[51]『夜の河』一九五二

京染屋の娘に生まれた主人公は新機軸を開拓しながら、新しい京染めをつくっている。あるとき、ショウジョウバエの研究家に出会い、関係ができた。彼女の想いは赤いショウジョウバエを散らした織物になる。しかし男には家族があった。その男の妻が死んだ。娘は男との関係を清算しようと思う。そんな娘を見て「得体のしれぬ虫にでも嚙まれているような」いらだちを職人気質の父親はみせるだろうが。

◎香山滋[52]『妖蝶記』一九五九

ジュラ紀の化石を研究している男のところへ、モンゴルの発掘現場から一人の男が不思議な蝶をもってきた。蝶は温室にいれられると、妖しい美少女になった。男は少女との情事に我を忘れた。男の妻か、彼女がいいつけた下男かが、温室に火を放った。少女は焼き殺された。ただ、死ぬ前に卵をしぼりだしていた。それがその後どうなったかはわからない。男は失神からさめると、憑き物が落ちたように正気に返っていた。

◎有吉佐和子[53]「蚊と蝶」一九五九（『江口の里』より）

平吉は二十歳のころ失明した。最初は飛蚊症だったが、そのうち網膜をいためてまず左目を失明し、ついで右目は重度の白内障で視力をうしなった。しかしマッサージ師の資格をとり、ツボもおぼえて、有能なマッサージ師になって、結婚もし、内弟子もとった。ただし、とんとん拍子にうまくいっていたのはそこまでだった。妻が内弟子と通じ、やがてそれがおおっぴらになり、平吉を邪険にあつかうようになった。平吉はついに決心をして眼科へいって手術をうけた。右目の白濁した水晶体をとりのぞいてみると、右の網膜は無事だった。現在ならかわりの水晶体をいれるところだが、そのころでも、眼鏡をかければ網膜が光を感じた。最初にみえたものは目の前をひらひらと飛ぶ蝶のような医師の手だった。見える、見えた、と平吉は叫んでいた。蝶が蚊をくってしまった。もちろん実際の蝶も蚊もでてこないが、いや、蝶がとんでくれば見ることはできた。もとの妻との関係も清算した。

◎有吉佐和子「王台」一九六一（『三婆』より）

揺子は田舎者の吉楠をもてあそぶように遊んで捨てた。それから三十年後、ふとしたことで再会したふたりにはもう若いころの情熱はなかった。吉楠は養蜂家になっていた。揺子は彼のもとをおとずれ、彼女が経営する化粧品会社の製品にロイヤル・ゼリーをいれる交渉をした。彼女にとって吉楠は交尾を終えたあとの無用な雄蜂だった。揺子自身は王台に君臨する女王蜂のつもりだった。しかし少女のころに夢見たロマンチックな愛とは無縁な実業家になっていた。

◎安部公房[54]『砂の女』一九六二

『砂の女』は昆虫採集にでかけた男の失踪の物語である。彼がめざしていたのは砂地に生息するという「ニワハンミョウ」だった。しかし海辺の村で彼が見出したものは獲物を砂の漏斗の底にさそいこむ蟻地獄だった。獲物は彼自身で、獲物をまちかまえているウスバカゲロウはさみしい女だった。脱出のこころみはすべて失敗する。彼は彼らの家が完全に砂にうまってしまわないために、毎日砂をかきだして崖の上へはこびあげなければならない。蟻地獄についてハインリッチが記述したところをみよう。「壁の途中まで後ろ向きでのぼり、壁面にぐるりと溝を掘る。するとその溝より上の壁面が崩れて穴はひろがることになる。あとは後ろ向きになって砂を弾き飛ばしながら穴の底にもどればいい」。砂の崖の底でくずれてくる砂をほりつづける男の作業は、どうやら蟻地獄の穴を拡張することにしかならないように思える。しかし掘り続けることで水を供給される。それをやめれば、水もなくなり、家も砂にうもれてしまう。しかし掘れば掘るほど上から砂はくずれてくる。

シーシュポスの責苦である。しかしそれが「生きる」ことだったかもしれない。人は毎日、それがなんになるのかもしらずに、朝になれば起床し、食事をとり、髭をそり、勤めにでる。やめるわけにはいかない。しかし、意味をとわれれば答えはさがしてもない。

◎水上勉[55]『西陣の蝶』一九六三

屑屋の与吉は五歳になる娘の蝶子をかわいがって、商売用の荷車に乗せて回っていた。その神社では縁日がひらかれていて、その賑わいの余韻がまだただよっていた。地面にきらりと光るものを見て、与吉は反射的にひろっていた。それは人をさした包丁だった。まもなく死体もみつかる。

与吉の車の中からは彼の指紋のついた血まみれの包丁もみつかった。無実をうったえる彼をきびしい拷問がさいなんだ。しばらくして真犯人がみつかって与吉は釈放されたが、数か月におよぶ拷問で、からだはぼろくずのようになっていた。彼が死んだのは釈放されて数日後だった。蝶子はやがて芸妓となって売れっ子になったが、肺病が進んでいるのにだれも気がつかなかった。そしてある日、死んだ父親を取り調べた検事のいる座敷へよばれた。一目みて、蝶子はその男だとさとった。数日後、また同じ男が蝶子を指名してきた。蝶子は青酸カリを用意して座敷へでた。そして、男に薬を飲ませてから、幼い日に遊んだ黄色い花の咲きみだれる線路わきで、残りの青酸カリを飲んで死んだ。事件を知った弁護士が、二十年前に扱った事件を思い出して、京都の検察庁に手紙をよこした。蝶子が死を選んだ場所について、「わたしにはうなずけるような気がします」と手紙は書いていた。「黄色い花がいっぱい咲いていましたが、老生の目には、いま、それが生きた蝶のような気がしてなりません」と手紙はしめくくっていた。

◎水上勉『鶴の来る町』一九六五

主人公は移動養蜂をしていたが、房総から北海道に蜂の巣箱を鉄道輸送したとき、ストライキにぶつかり、ダイヤが乱れ、蜂が全滅した。主人公はどうにもならない補償交渉の最中に死ぬ。未亡人が補償闘争をひ引き継ぐが見通しは暗い。房総から北海道へ巣箱を運ぶ話は濱田和一の『虫飼い物語』（一九六六）を想起させる。

◎立原えりか[56]「蝶を編む人」一九七三（『立原えりか作品集』より）

ひとりのおばあさんがホテルへやってきた。おばあさんは部屋にとじこもって編み物に精をだしていた。そしてある日、温かい春の日にバスケットをもって外へでると、バスケットをあけた。すると無数の色とりどりの蝶が飛び立っていった。

◎井伏鱒二[57]『蟻地獄』一九七四

子供のころ、お寺の本堂の下などで、「こんこんでやれ、鬼でやれ」などとうたって、蟻地獄をつかまえて遊んだ。その「こんこん」というのはなんだろうと考えてみる。「雪やこんこん」とおなじだろうか、それとも「鬼」のなまえだろうか。どこかのおばあさんが、蟻地獄の虫であるうすばかげろうをそのままのみ下す。リュウマチかなにかの治療にきくという。

この作者には『スガレ追い』（一九七七）という地バチ狩りの話もある。信州では「蜂の子」をたべるためにスガレ追いをするが、この作者はなんのためにするのかスガレを飼ってみようというのである。ちいさな巣をまるごと掘ってくる。雌が三、四十匹いる。雄は食い殺される。ところがその年はどうしたわけか、スガレがみつからず、不猟だった。そのつぎの年は巣はみつけたが、巣を取ろうとした人が蜂にさされて大騒ぎになった。結局、スガレを飼うことはあきらめたようだが、その生態はだいぶ調べて書いてある。

◎森敦[58]『月山』一九七四

月山の周辺には即身仏のミイラがある。エジプトのミイラとはちがって、包帯にくるまれた蛹を連想させるものではないが、ミイラはミイラである。主人公は和紙をはりめぐらせた蚊帳のなかにこもってまるで、繭のなかのさなぎのような冬をすごしている。事実、それは繭だった。冬ごもりの最初は無数のカメムシの襲来で告げられている。そして春、雪がとけはじめると、甕のなかにいたカメムシが必死にふちまではいあがってきて、そこから羽をひろげて飛んでゆく。主人公も繭のなかの冬眠をおえて山をおりてゆく。

月山での冬ごもりはなんだったのか、なんでもなかったかもしれない。カメムシもそれが生きていることだという以上の答えはなかったろう。

◎吉村昭[59]『蛍』一九七四

四人兄弟の長兄の幼い子供が蛍を見にいった川でおぼれた。上の子供と一緒に岸にもやってあった舟にのって遊んでいたあいだの事故だった。上の子供が舟をゆらしたせいだったが、蛍の呪とも言えただろう。水辺の蛍は死へさそう幻なのだ。

◎濱田和一[60]『虫飼い物語』一九七六

大陸から引き揚げてきて、北海道でカブトムシの養殖をはじめる。やがて養殖業が軌道にのり、旭川に昆虫園をつくる。昆虫園はテレビや新聞でも報じられたが、経営はゆきづまって閉園になる。むかし満州にいたころ文通をしていた内地の女性とであい、二、三十年ごしの感情に火がともったりもした。家をとびだしていた子供が事件を起こし、拘置所内で自殺したりもした。自伝的創作とみられる。

◎広津和郎[61]『動物小品集』一九七八

「私は幼少時から植物より動物にこころを惹かれた。物心地つき始めた私に、まず宇宙の神秘を考えさせたのは、静止した花よりも動き回る昆虫どもであったといっていい」(「赤とんぼ」)。

「この近年のようにこの虫が、わが日本の秋のいろいろな虫の音を圧倒してはやり切れない」(「あおまつむし」)。

ファーブルのじがばちと蜘蛛のたたかいのところを読んで蜘蛛に麻酔をかけてそこに卵をうえつける蜂の生態に興味をもっていたところに、目の前でべっ甲バチが蜘蛛をとらえるところを見た(「蜂と蜘蛛」)。

◎三木卓[62]「磔刑のチョウ」一九七八(『昆虫のいる風景』より)

「蝶の島」などもある作者が雨のあとで観察した一羽の蝶。「チョウは雨水のなかに叩き落され、流れてきたのにちがいない。仰向けになり、左右にひらかれた翅は砂の盛り上がりの上にぴったりとはりついていた。(……)何気なく、その翅に手を伸ばし、砂からはがしてみた。ピリピリとはがれてゆく感触があって、翅はやぶれることなく、チョウは私の手のなかにはいってきた。すると驚いたことに、」蝶は死んではいず、ピクリと動いて、飛び立っていった。

◎芝木好子[63]『黄色い皇帝』一九七九

蝶のコレクターの男が、同好の少年の手引きで、その少年の母親にあった。母親には別居中の夫がいた。女も男にひかれた。しかしふたりの抱擁は少年に見られた。男は先年カトマンズでみかけた「黄色い皇帝」となづけた貴重な蝶を夢中になっておいかけることで女をわすれようとした。カトマンズを再訪し、山にのぼると、それがいた。谷底から「昂然と翼をひろげてのぼってきた」。「もうなにも見えない。あるのは空を飛ぶ魔の翼のみ」。「彼は転げ込むようにおいすがる」。ネットをふった。「入った」と思った瞬間、彼は平衡をくずした。気がついてみると男は崖から谷にころがりおちていた。

作者自身、高年になってから蝶にとりつかれ、「蝶にあけくれる日々を」おくるようになった。「次第に深入りしてゆくと蝶が総てになり、この目で幻の蝶のありかを確かめなければすまなくなり、ネパールのカトマンズまで行った」という。この作品は、作家で、鱗翅類学会理事でもある五十嵐 邁が眼をとおしたという。

◎大庭みな子[64]『花と虫の記憶』一九七九

「わたしたちは、細い、光る蜘蛛の糸にからみとられる二匹の虫のように引き寄せられました」。

「孤独な花ですよ、これは……。交配してくれる虫もいないのに、夜の森の月の下で花をさかせて、しぼんでゆくんですから」。

子供のころ昆虫採集でのうぜんかずらをみた。「あの美しい花がまつわっていた木……その立派な幹にからんだ蔓に沢山の朱い美しい花を咲かせていました。……びっしりとつけた鮮やかな朱色の花を縫って黒い揚羽蝶がひろひらと飛び交っていました。こんもりしげった薄暗い木の下で、その毒々しい朱色の花と、黒い蝶は妖しい華やかさで私の心をとらえました」。主人公はうつぼかづらである。ある会社の社長の囲い者となりながら、その息子を誘惑し、いまその会社のエリート社員とも関係をもとうとしている。男たちが蝶のように彼女の周りを舞う。月下美人ではないが、子供はおそらく産まない。花と虫の物語。

◎宮本輝[65]『蛍川』一九八〇

　竜夫の父が借金をのこして死んだ。竜夫の母は、家を処分して大阪の兄をたよってゆくことになるだろう。竜夫はおさななじみの英子をさそって蛍を見にいった。母も、銀蔵老人も一緒だった。川べりで竜夫と英子は蛍につつまれていた。それをみおろす母の口からおもわず悲鳴がもれた。「蛍の大群は、滝つぼの底に寂寞と舞う微生物の屍のように、はかりしれない沈黙と死臭を孕んで光の滓と化し、天空へ天空へと光彩をぼかしながら冷たい火の粉状になって舞い上がっていた。」それは華麗な蛍の群舞ではなかった。冷たい死のまぼろしだった。

◎後藤明生[66]『蜂アカデミーへの報告』一九八六

　追分の山荘でスズメバチが巣をつくり、それをとろうとして蜂の襲撃をうけて救急車ではこばれた顛末と、それをきっかけとして、蜂のことをいろいろ調べ、ファーブルの『昆虫記』をはじめ各種文献を読み、新聞記事でスズメバチにさされた事故を調べ、『今昔物語集』の、蜂を呼んで山賊を退治した話などまで「報告」した文章で、主人公のおろかさ加減が滑稽な効果をうむエセーである。

◎皆川博子[67]『化蝶記』一九九三

　「蝶が舞う、川面を」。しかし蝶は幻燈仕掛けだった。一年前、謎の死をとげた俳優を殺した犯人をさぐりあてようという算段である。幻燈仕掛けにその死人の幻をかさね、そこへ、犯人と目星をつけた男をおびきよせておどかそうというのである。死人の首から蝶が舞い立つという俗信があり、歌舞伎世界のどろどろした欲望が渦を巻く。幻燈仕掛けはヴェルヌの『カルパチアの城』のそれを思わせる。

◎皆川博子『蝶』二〇〇五

　蝶はでてこない。復員兵が、氷にとざされた海のまえで拳銃自殺をした。そのあとに「次の世もまた次の世も黒揚羽」という今井豊という人の句をあげ、もう一句でしめくくった作品である。死者の砕かれた頭から黒揚羽がひらひらと舞い立つようである。

◎坂東眞砂子[68]『蟲』一九九四

富士川の河川敷の工事の現場で、白い珠をひろった。それは宝珠のようにぱっくりと蓋がひらき、なかに白い繭のようなものがあったが、ふっとどこかへ消えた。それがとりついたのか、帰りの新幹線では、巨大な虫が胸にはいりこもうとしている夢をみた。以来、虫憑きになってしまったようで、会社がひけると町中のビルの中につくられた植物園のようなところで、橘の木のまえへいって忘我の時間をすごすようになった。あるとき、男の挙動をうたがった妻があとをつけると男は橘の木に額をつけてじっとしていた。そして男の背中から緑色の大きな虫がにょろにょろと這いでて橘の木にうつった。女は気をうしなってたおれ、流産した。男がひろってきた珠には「常世蟲」とかかれていた。女はいたるところに虫を見るようになった。珠は夜中にあお白い光をはなった。それをおいておくと家のなかの電子器具がみな調子をくるわせた。図書館で常世蟲についてしらべると、富士川のほとりで緑色の虫を崇拝する宗教があったこと、その主導者を秦河勝《はたのかわかつ》が討伐したことがわかった。女は旧姓を秦といい、祖母は太秦にすんでいて、河勝の子孫だと言っていた。一三〇〇年をへだてた常世神と秦家とのたたかいがくりかえされるのだろうか。

風にのって鉦のおとがながれてくる。「どろ虫でてけ、刺し虫でてけ」という唱和の声がきこえる。虫追いの行列だ。そのなかに厳しい顔をした祖母がいる。そのうしろには秦河勝もいる。常世蟲はいまは女のからだにもすみついているらしい。一晩酒をのんですごした翌朝、早朝の植物園ビルにしのびこんだ。橘の木が強烈な香りを発している。その木にもたれて女は巨大な蛹を分娩した。さなぎからは半透明な白い巨大な蛾が羽化してでていった。そこへ男たちが飛び出して女のからだに火をつけた。どろ虫でてけ、刺し虫でてけ、虫追いの声がどこからかきこえる。

一三〇〇年のねむりからさめた常世蟲は男のからだにすみつき、精子になって女のからだに注入され、女は常世蟲を分娩し、常世蟲は卵をあちこちにうみつけてゆく。それがいたるところで、人々のからだにはいりこみ、それを討伐しようとする秦河勝の一党と、民俗の虫追い行事の継承者たちが、常世神追いの講をつくって狂信的異端狩りのように「虫追い」をくりひろげるというように、物語は展開するかもしれないが、とりあえずは白い蛾があおぞらにとんでゆく場面で終わる。

◎伊集院静[69]「冬の蜻蛉」一九九五（『とんぼ』より）

一人暮らしの女のところへ物静かな男がかよってくるようになった。はじめて川原で会ったとき、立ち去る男のあとをトンボの群れがついて飛んだ。小料理屋で酒を飲んでいたとき、まぎれこんだトンボが男の肩にとまっていた。そして今、男がやってくるのを待ちながら何気なく外を見ると、生垣にトンボがとまっていた。

◎曽野綾子[70]「蜜蜂の沈黙」二〇〇五（『アレキサンドリア』より）

別荘に招かれた先で蜜蜂がベランダの煉瓦のすきまに巣をつくっていた。それを殺虫剤で退治した話だが、語り手夫婦には子供がいない。別荘の夫婦には子供がひとりいる。その子供が蜂に刺されて危ないことになるかもしれない。そこで予防的に蜂を駆除しておいた。それは子のない夫婦に子煩悩ぶりをみせつける別荘の主の夫人への報復になるというのが、語り手の論理である。「その報復とは……森下夫人のしらないところで、それとなくリカの安全を守ることでもあった」。日頃、子のないことをあてつけられている相手にそれとしられずに恩を売っておく、そういう予防的報復もあるのである。

◎奥泉光[71]『虫樹音楽集』二〇一二

「水辺のカフカ」「窓辺のカフカ」などのパフォーマンスで、「変身」のパロディを追求するジャズマンが狂ってゆく話が軸になり、それを追求する作者がプラハあたりの町でまよいながら「変身」のパロディ劇をみにゆく話や、超古代の化石ザムザや、東京のスカイツリーによじのぼる巨大な甲虫、そしてその「王虫」がのぼる「宇宙樹」ないし

「虫樹」の追求が「逸脱」のドラマを構成する。

「文字の彫られた木に向かって全裸でサックスを吹く男」「イモナベはザムザである」。

「幼虫」「孵化」「変態」と題したライブをつづける男、イモナベ。

「幼虫はまどろみ、夢をみる。やがて来るべき変態のときに向かって」

「夢から覚めたときが変態のときに他ならない」。

「夏野に飛び交う虫たちの透き通る翅の音に、やはり一匹の虫であるイモナベが応答しているのだとの幻想が到来した」。

「剛毛を生やした白い幼虫が草の根からしきりと樹液を吸っている。

蟬の幼虫が暗い土中で何年もの時を過ごすように」。

「その眼にうつるものは、一面が灰色の、空と地の区別もつかない、地平線さえそれとはわからぬ荒野なのだ。それが虫の見る風景なのだった」。

「雲の切れ間に青い月が輝きだしたとき、不意に草叢から黒い影が飛び出した。影はたちまち空へ舞い上がる。薄くて硬い翅を閃かせる甲虫は、間違いない、変態を遂げたイモナベだ」。

「力強い翅音を響かせた成虫イモナベは月へ向かって高く高く飛行する」。

ザムザが変態をとげたのだ。

そのザムザにはアメリカのザムザ、そしてプラハのザムザがもちろん対応する。虫がのぼる柱、虫樹、あるいはその虫は古代の化石や、それを研究していた学者の妄想のなかにも、アルバイト学生の仕事場にもあらわれる。

「ゾロフが楽器をかきならしたとたん、虫がわっとばかりに群がり、ゾロフとヴィオラはたちまち食われてしまったのだ」。

「一匹の巨大な虫が東京スカイツリーに這いのぼった」。

「「産開跡」の塵埃のなかで虫は蘇生し、さびた鉄骨や割れたコンクリートの下を、たくさんの足をひらひらさせてはい回る。（……）虫たちは音にならぬ声をあげながら、宇宙樹、あるいは虫樹と呼ばれる、あのタイヤ山脈中央の、幹が文字で埋め尽くされた樹木へ向かって触角をふりふり進んでいくのだ。

夜空の遠い果てへ向かって声をあげるべく。

宇宙の音楽を鮮明に聴くために」。

そしてもちろん、それは語り手の妄想でもあるだろう。

「虫の感覚は刺激的だよね。いま自分がもっているアイディアは全部、虫から得たものだといってもいいだろうね」。

「カフカの『変身』がとても好きな小説である」。

「クラリネットに似た黒い木質の楽器から放たれる「虫の言葉」を聴く自分は、眼前の舞台の場面が、カフカの小説中の一場面であることを直感した」。

彼は地球上の人間たちが宇宙からやってきた「虫」に征服される妄想もいだく。

「脳のなかに原虫を挿入する。大脳皮質内の細胞老廃物を食べてくれる。

原虫を育てるのに、蚊や蠅をつかう。

地球の支配者は人間じゃなくて、宇宙からきた虫。

一匹の虫に変身した自分を想像した」。

それは「カフカの一場面」ではなく、カフカの作品のあとの「一場面」であろう。カフカの甲虫は死んでゴミへ捨てられた。イモナベは河原の草叢から羽化して月へむかって飛び立った。「幼虫」のあいだは裸でサックスをふいていた。羽がはえれば飛び立つのである。あるいはそれは芸術家としての羽化と飛翔であったろうか。ザムザが死んだあと、創作者としてのカフカが飛び立ったように。

〔虫の詩〕

◎金子光晴[72]『蛾』

「蛾」II

蛾は飛ぶ。月のふぶきのなか。——月はむらさき。月がかざり立てる樹氷。

月にとけこんだ夜のしずかさ。蛾のやはらかい翼どもの、ふれあう騒擾の無言のにぎやかさ[73]。

鏡にふりつもるお白粉のやうに、蛾がふるひおとす鱗、粉々たる死よ。

蠟よりもすきとほつて千年もかはることのない若さの肌。

蛾はおもたい。さしわたしは一丈もある。無数に蛾のあつまつてゐるきよらかさは、

どんな穢ないこころで記された頁よりもあかるい。

ヌーベル、エロイーズよりも。対話篇よりも。

月光にひたされた夜のなかを蛾がとぶ。さしわたし一丈というのは三メートルだろう。巨大蛾がとぶ幻想。「ヌーベル・エロイーズ」はルソー、「対話篇」はプラトンだろう。それらよりあかるい蛾があつまっている。「今夜の蛾のおびただしいこと」。

煌々としたその明るさを僕はゆく。湖のながい汀にそうて、

はてしもしらずつづく蛾のしかばねの柔らかさをふんで。

かへつてくることのない際涯をめざして。

月の湖畔を歩く。蛾がおもたく群れ飛んでゐる。おちた蛾をふむ。まるで彼岸の岸をどこまでもあるいてゆくように。蛾は死の使者であろう。「蛾はきりきりと廻る。底のない闇の、冥府の鏡のなかにくるめくその姿」（「蛾」VIII）というように。

「蛾」Ⅴ

月ではない。月のまぼろしの顔を蛾はあつちこつち這いあるき、おもてとうらをとびまはる。

身を投げつけては墜ち、平つくばひ、翼をひきずつてよちよち匍ひのぼり、頭の重たさでばつたり前にのめり。

木兎めいた蛾。蛮族の奇怪な盾の隈取り、または梵字をゑがいたやつ。

なまづ髯をふるやつ。なまめいたやつ。やさしいやつ。

今夜の蛾のおびただしいこと。その翼のやけちぢれる銀のほそ身に、歌口ほどの紅を染めたやつ。

煤で、部屋は蝕まれ、

僕のひらいた本のうへに、雪のやうに鱗粉がふりつもる。

蛾は自分で自分を占ふ。その恍惚は君があがなつたのか。たへ入る蛾よ、聡明なものよ。

こんな晩、蛾が月を受胎するといふ。月が蛾のたまごをうむのだともいふ。

月の様なランプの表や内側を蛾が這いまわる。そのさまざまな奇怪な模様。蛾は羽を焼いて落ちる。それは何の占いだろう。死の前兆か、それとも生の？

「蛾」Ⅵ

蛾は、その影とともに人の心の虚におちこみ、そこにやすらふ。

「蛾」Ⅶ

蛾はつまり、女たちなのだ。夜ごとのみだらなふるまいで折れた翼。

「蛾」Ⅷ

今宵限りの舞台といふので蛾は、その死顔を妖しく彩つた。

蛾はきりきりと廻る。底のない闇の、冥府の鏡のなかにくるめくその姿。

悔と、驕慢と、不倫の愛の。一時に花さく稀有なうつくしさ。
それこそ鬼どもが、死人の肉でかりにつくりあげた一瞬の蠱。
蛾は舞台に立った往年の名女優の老残の姿でもあろうか。死者の肉でこねあげた幻。

［古典文学より］

日本の古典には鳴く虫、蛍、蟬などについての言及が少なくない。蝶は『万葉集』にはまったく見かけないが、その後の散文には散見する。鳥でも鳴鳥が、梅などの花とともにとりあげられる。獣でも鹿の鳴き声が秋の情緒をかもしだす。形や色どりの華やかな鳥や蝶より、声の美しい鳥や虫が愛された。日本人は虫の声を左脳で言語としてききとるということに関係があるのかもしれない。日本では虫の音楽はないが、虫の歌や俳句はある。

◎『枕草子』より、「虫は」

鈴虫。ひぐらし。蝶。松虫。きりぎりす。はたおり。われから。ひを虫。蛍。

蓑虫、いとあはれなり。鬼の生みたりければ、親に似て、これも恐ろしき心あらむとて、親の、あやしき衣ひき着せて、「今、秋風吹かむをりぞ来むとする。待てよ」と言ひ置きて逃げて去にけるも知らず、風の音を聞き知りて、八月ばかりになれば「ちちよ、ちちよ」とはかなげに鳴く、いみじうあはれなり。

額《ぬか》づき虫、またあはれなり。さる心地に道心おこして、つきありくらむよ。思ひかけず暗き所などに、ほとめきありきたるこそをかしけれ。

蝿こそにくきもののうちに入れつべく、愛敬なきものはあれ。人々しう、敵などにすべきものの大きさにはあらねど、秋など、ただよろづの物にゐ、顔などに濡れ足してゐるなどよ。人の名につきたる、いとうとまし。

夏虫、いとをかしうらうたげなり。火近う取り寄せて物語など見るに、草子の上などに飛びありく、いとをかし。

蟻は、いとにくければど、軽びいみじうて、水の上などを、ただ歩みに歩みありくこそ、をかしけれ[74]。

最初のところの「われから」は岩下均によると「海に生息するアミの仲間」とある。おなじく岩下によれば、古今和歌集に収められた藤原直子の歌にうたわれているからであろうとある。つぎの「ひおむし」はカゲロウのことである。

みの虫が「ちちよ、ちちよ」と鳴くというところは、本来、鳴くミノムシはないので、カネタタキのことかという松浦一郎説を紹介している。いずれにしても、なにかほかのちーちーと鳴く虫のことではないかとおもわれるが、父母にすてられてひとりでくらしてゆくのは大多数の昆虫の運命である。

額づき虫は米つきバッタである。

「夏虫」は火にとびこむ羽虫や蛾のたぐいをさすだろう。

蝿がにくきもののうちというのはもっともだが、「人の名につきたる、いとうとまし」というところ、岩下は「蝿麻呂」というような名前があったのだろうと推測している。なお蟻もにくきものだが、蝿も蟻も歌わないからかもしれない。

◎『源氏物語』より、二十五帖「ほたる」

「なにくれと、言長き御いらへ聞えたまふ事もなく、思し休らふに、よりたまひて、御几帳の帷子を、ひとへうち掛け給ふに、あはせて、さと光るもの。「紙燭をさしいでたるか」と、あきれたり。ほたるを、うすきかたに、この夕つ方、いと多く包みおきて、ひかりを包みかくし給へりけるを、さりげなく、とかくひきつくろふやうにて、にはかに、かく掲焉に光れるに、浅ましくて、扇をさし隠し給へるかたはらめ、いと、をかしげなり」。

源氏は隠していた蛍を几帳のなかにさしいれ、玉鬘の様子を兵部卿宮にみせようとする。玉葛が扇で顔を隠した様子も美しい。このあたり、西洋文学なら、顔ではなく、肌をみせる趣向になるだろう。ただ、胸元に飛んできた蛍の光にほんのりと照らされた女の顔は、日のひかりのものでも、また燭台のあかりにてらされたものとも、趣がことなっていて、たとえば、西洋の劇場で、照明がおとされてフットライトだけになったときの女優の顔に神韻のただようのをみるところ（ネルヴァルの『シルヴィ』など）を思わせる。あるいはどこからともなくさしてくる光にうかびあがるレンブラントの人物も思われる。光と影の神秘の世界である。なお、この前の章「胡蝶」には実際の蝶は登場しない。三十八帖は「鈴虫」である。

◎『堤中納言物語』より、「虫めづる姫君」

いずれも皮肉な要素をふくんだ短編集『堤中納言物語』中で、もっともよく知られた作品。ただし、眉墨を頬に塗ってしまった女の話のように、皮肉な笑い話の性格があることに注意を要する。虫の愛好者はこの姫君こそ彼らの女神であるかのように随喜の涙をながすが、作者はこの姫君の風変わりなさまをすくなからず揶揄するところがある。冒頭からして「蝶めづる姫君の住むかたわらに」この姫君が住んでいるとあえて言っていて、まともな姫君の住まいのかたわらに、おかしな姫君が住んでいると対照させているのである。そして眉もぬかず、歯もそめないというのを、流行にながされずに個性的な化粧をしている女などと現代風の解釈をするのは見当違いもはなはだしい。ここはあくまで、おかしな変な姫という性格を強調しているだけのことである。この姫が虫をとってこさせるわらわべたちに「けらお」「ひきまろ」など虫の名前をつけてよんでいるのも滑稽である。この姫に脅かしてやろうというのか、蛇のぬいぐるみを袋にいれて文をつけて送った男がいたというのもふざけた話である。笑い話だからこそ許される冗談であろう。木にたくさん毛虫がついているのを見ようとして「あららかに踏みて出づ」というのも世の常の姫君の立ち居振る舞いではない。この、どうやら桜かなにかの木にたかった毛虫を扇子にとってうちながめているが、いっぱいにたかっている様子からすると、成虫になってもきれいな蝶ではなさそうだ。だからこそ「蝶めづる姫君」のかたわらに住まいするおかしな姫君の話が笑い話になるのであろう。この姫君が結婚をしたら若い時の情熱をわすれて、ただの女になったか、あるいは生涯、独身ですごしたかは、読者の想像にまかされる。

◎『発心集』[75]より、「佐国　花を愛し蝶となること」

或人円宗寺の八講といふ事にまいりたりけるに、時まつほどやや久しかりければ、そのあたりちかき人の家をかりてしばらくたち入たりけるが、かくてその家をみれば、つくれる家のいとひろくもあらぬ庭に、前栽をえもいはず木どもうへて、上にかりやのかまへをしつつ、いささか水をかけたりけり。

いろいろの花、かずをつくしてにしきをうちおほへるがごとく見えたり。

ことにさまざまなる蝶いくらともなくあそびあへり。

ことざまのありがたくおぼえて、わざとあるじをよび出て、此事をとふ。

あるじのいふやう、「これはなをざりの事にもあらず。

おもふ心ありてうへて侍り。

をのれは佐国と申て、人にしられたる博士の子にて侍り。

かの父、世に侍りし時、ふかく花をけうじて、おりにつけてこれをもてあそび侍りき。

かつはその心ざしをば詩にもつくれり。

「六十余国見れどもいまだあかず。

他生にもさだめて花を愛する人たらん。」など作りおきて侍りつれば、おのづから生死の会執にもやまかりなりけんとうたがはしく侍りしほどに、ある者の夢に、「蝶になりて侍る。」と見たるよしをかたり侍れば、つみふかくおぼえて、「しからば、もしこれらにもやまよひ侍るらん。」とて、心のおよぶ程うへて侍るなり。

それにとりて、たゞ花ばかりはなをあかず侍れば、あまづらみつなどを朝ごとにそそき侍る。」とぞかたりける。

（中略）

かやうに、人にしらるゝはまれなり。

すべて念々の妄執、一々に悪身をうくる事は、はたしてうたがひなし。

まことにおそれてもおそるべき事なり。

花咲乱れ、蝶が飛びかう庭で、あるじに話を聞けば、亡父が花を愛するあまり蝶になったとのこと、それで終わっていれば、死んでのちも愛する花とたわむれて、さぞ満足だろうと思うところだが、中略のあとの締めくくりをみると、妄執のはてに悪身を得たとあり、蝶とは悪身であるという。なるほど、死後も花に執心し、解脱にほど遠いなら、悪身であるかもしれないが、蝶になった本人はその後もなお、蝶になり続けようと思うにちがいない。

◎『古今著聞集』[76]

嘉保二年八月十二日殿上のをのこども嵯峨野に向ひて虫を取て奉るべきよしみことのりありてむらこの糸にてかけたる虫の籠を下されたりければ貫首已下みな左右馬寮の御馬に乗てむかひける蔵人弁時範馬のうへにて題を奉りけり。野徑尋虫とぞ侍ける。野中に至りて童僕をちらして虫をばとらせけり。十余町ばかりはをのをの馬よりおり歩行せられけり。ゆふべにをよんで虫をとりて籠に入て内裏へかへり参り萩女郎花などをそ籠にかざりたりけり。中宮の御方へまいらせて後、殿上にて盃酌朗詠など有けり。歌は宮の御方にて講せられける。簾中よりも出されたりける。やさしかりける事なり。

喜多川歌麿《虫籠》

宮中のつれづれのなぐさみに虫をとりにやって、籠にいれて鳴き声を鑑賞し、酒を酌み交わし、歌をつくり、あるいは朗詠したという。西洋ではチャーチルが虫をとってきて庭に放し、虫の宴をもよおした話がある。蝶でも蛍でも庭に放す話はあって、籠に入れておくより、あとくされがなくていい。籠に入れられた虫は翌日はもう死んでしまったかもしれない。

◎『十訓抄』[77]

　京極太政大臣宗輔公は、蜂をいくらともなく飼ひ給ひて、何丸か丸と名を付てよびたまひければ、召にしたがひて、格勤者などを勘當し給ひけるには、何丸某さしてことの給ひければ、そのままにぞふるまひける。出仕の時は車のうらうへの物見にはらめきけるを、とまれとのたまひければ、とまりけり。世には蜂飼の大臣とぞ申ける。不思議の徳おはしける人なり。漢の蕭望之が雉をしたがへけるにことならず。此殿の蜂を飼給ふを世人無益の事といひける程に、五月の比鳥羽殿にて蜂の巣俄に落て、御前に飛ちりたりければ、人々さされじとてにげさはぎけるに、相国御前に有ける枇杷を一房とりて、琴爪にて皮をむきてさしあげられたりければ、蜂のある限りとり付てちらざりければ、供人をめしてやをらたびければ、院はかしこくぞ宗輔が候てと仰られて、御感ありけり。

　おそらく蜂を飼うよりほかに能のない大臣だったのだろう。いつも蜂を連れて歩いていたようだが、宮中で蜂の巣が落ちて大騒ぎになったときに、騒がずにすばやく処理してほめられた話である。蜂飼いにしろ、歌をつくるにしろ、あるいは蹴鞠にしろ、いずれも役に立たないことに精をだしていた宮中の人びとの相貌が思いやられる。出世や蓄財に目の色を変える連中ばかりでなかったことが王朝文化の文化たる所以かもしれない。

　中村禎里によれば、虫への転生の説話も多い。『発心集』一－八「大江佐国の話」を紹介して、いう。「ともかくもムシたちは、日本人が畏敬・忌避・笑いなど、さまざまな心を託してきた生きものであった」と締めくくる（『動物たちの日本史』）。

◎『今昔物語集』十三―二十二「筑前の国の僧蓮照　身を諸の虫に食はしめたる語」

　今は昔、筑前の国に蓮照といふ僧有りけり。若くより法花経を受け習ふ。昼夜に読誦して他の思ひなし。亦た、道心深くして人を哀れぶ心弘し。裸なる人を見ては、我が衣を脱ぎて与へて寒き事を嘆かず。餓えたる人を見ては、我が食を去りて施して食を求むる事を願はず。亦、諸々の虫を哀れみて、多くの蚤・虱を集めて我が身に付けて飼ふ。亦、蚊・虻を掃はず、蜂・蛭の食ひ付くを厭はずして、身の完《しし》を食はしむ。

　しかるに、蓮照聖人、態と虻・蜂多かる山に入りて、我が肉・血を施さむとするに、裸にして動ずして独り山の中に臥したり。即ち虻・蜂多く集まり来たりて、身に付く事限りなし。身を食む間、痛み堪え難しといへども、此れを厭ふ心無し。しかる間、身に虻の子多く生み入れつ。山より出でて後、其の跡大きに腫れて痛み悩む事限りなし。人有りて教へていわく、「此れを早く療治すべし。亦、其の所を炙くべし。亦は薬を塗らば虻の子死にて即ち癒えなむ」と。聖人いわく、「更に治すべからず。此れを治せば多く虻の子死ぬべし。然れば、只此の病を以て死なむに苦しぶ所に非ず。死ぬる事遂に遁れぬ道なり。何ぞ虻の子を殺さむ」といひて、治せずして、痛き事を忍びて、偏に法花経を誦するに、聖人の夢に、貴く気高き僧来たりて、聖人を讃ていわく、「貴き哉、聖人、慈悲の心弘くして有情哀れむで殺さず」といひて、手を以て疵を撫で給ふ、と見て夢覚めぬ。其の後、身に痛む所無くして、疵忽ちに開きて、其の中より百千の虻の子出でて飛びて散りぬ。然れば、癒えて痛き所なし。

　聖人弥々道心を発して、法花経を誦する事永く退《おこた》らずして失せにけりとなむ語り伝へたるとや

　道心の深い僧がいて、山に入って自分の身体をアブ・蜂の刺すままにしていたら、刺されたところが腫れて痛んだが、一夜、夢に「気高き僧」が来て、傷をなでたところ腫れがひいて治ったという。

　裸の人に着ているものを脱いで与えたという話は世界の

聖人譚によく語られるところである。フランスの聖マルティヌスの事績も思い浮かぶ。蚤や虱を殺さず、身につけて飼っていたという話もなくはない。しかし、アブがたかるにまかせて、そのうち、アブの卵が孵って「百千の」アブとなって飛んでいったというのは壮絶である。その前には蛆の状態で皮膚の下で蠢いていたのだろう。さらにその前には、虫たちに刺されたり、くわれたりしたところが膿みただれ、そこにアブが卵を産みつけたので、そのような状態を耐え忍んだのは、慈悲心よりは、やせ我慢だろう。そうやってアブを沢山発生させたことが世のため、人のためになると思ったのなら思惑はずれもいいところだろう。

◎『今昔物語集』二十六―十一「蚕をたべた犬　参河の国に犬頭糸を始むる語」

ある女がただ一匹の蚕を飼っていたが、犬がその蚕をたべてしまった。そのあと、鼻から白い糸を出したので、それを手繰り取ると無数の蚕の繭に相当する糸がとれた。前段は郡司に妻がふたりいて、いずれも蚕を飼っていたが、片方の家の蚕がただ一匹をのこして死んでしまった。と、同時に郡司の足も遠のいたという哀話である。最後は郡司もこの女のもとへ帰ってきたとあって、一応、ハッピーエンドだが、「犬頭糸」はその犬かぎりのことで、あとは続かなかったはずである。死んでしまった犬はあわれである。その犬を埋めたところに生えてきた桑にたくさん蚕がついて、上質の糸がとれたというが、死んだ犬はよみがえらない。男が帰ってきたといっても、いったん、ほかの女に心を移した男である。多少、勝気な女なら、あんたなんかにきてもらわなくともいい。あっちの女のところへいったらいいといって追い返しただろう。

◎『今昔物語集』二十九―三十六「鈴鹿の山にて、蜂盗人をさしころす語」

鈴鹿山に八十人の盗賊がたむろして旅人をおそっていた。そこへ馬百頭ばかりに財宝をつんで通りかかった商人が盗賊の餌食になったが、ひとり盗賊たちをのがれて小高い山にのぼってなにかを唱えていると、まもなく、蜂の大群が飛来して盗賊たちを刺し殺した。商人はかねて酒をつくって、もっぱら蜂に飲ませていたので、蜂がその恩返しにきたのである。

蜜蜂は「家畜」の一種であるというが、主人の命令のもとに行動することはない。また自主的に主人の敵を攻撃することもない。それ以上に、この商人が山の上で呪文を唱えると蜜蜂が飛んできたというのは、無線連絡などのない当時としてはおこりえない驚異である。西洋では狼使いの伝承があり、狼の群れを意のままにする能力をもった人間がいたとされていた。これなら、盗賊に襲われたときに狼を呼び出して報復させることはできただろう。人間とのコミュニケーションの可能な犬などなら大いにありえたことで、狼もそこまで手なづけることができれば不可能ではない。であれば蜜蜂でもとなるとしても、遠隔通信の問題がでてくる。これが可能になった現代なら、盗賊に襲われた人が逃げて、携帯電話で警察を呼びだして、盗賊を一網打尽にするということはあるだろう。昆虫の話も、科学技術の進歩によっては不可能ではないSF的驚異譚になるかもしれない。実際、フェロモンの研究が進んで蜜蜂を呼びよせたり、なんらかの行動をおこさせたりすることはいつか実現するかもしれないのである。

なお、鈴鹿山にはかつては鈴鹿御前という女賊がいて、通行人を襲って金銭・財物をうばっていたという。その名だたる難所に護衛もつけず荷馬を連ねていったというのは大した豪のものということができるが、蜂を思いのままにできたからこそ恃むところがあったのだろう。それを逆にして、蜂をてなづけて旅人を襲わせるようにしていた山賊がいたと想像してみるのも面白い。蜂に襲われた旅人は荷物を投げだして逃げてゆくだろう。山賊としては手をよごさずに、捨てられた荷物を回収するだけでよかったのではあるまいか。

また旅の商人のほうも、ひごろ酒をつくって蜂に飲ませていたというが、蜂蜜のほうはどうしていたのだろうというのが気になるところである。あるいは蜂というだけで、蜜蜂とは言っていないので、人を襲う気の荒いスズメバチだったのだろうか。そうではなく蜜をつくる蜜蜂だったなら、商人は蜜を集めて財をなしたかもしれない。

◎『今昔物語集』二十九—三十七「蜂　蜘蛛に怨を報ぜんとせし語」

蜘蛛に蜂がとらえられたのを寺の僧が放してやった。そのあと、蜂の大群がやってきて蜘蛛に仇討ちをしようとしたが、蜘蛛は身をかくして無事だった。蜘蛛が網をかけていた蓮の葉には無数の針の刺しあとがあった。

蜂の巣に攻撃をしかけると蜂がいっせいに飛び出してきて、刺そうとする。そのあとで、同じ人が巣に近寄ると、なにもしないうちに蜂が攻撃してくるかどうかという問題である。蜂には記憶があるかということなら、蜜のあるところにしても、自分たちの巣のありかにしても、場所を覚えていて戻ってくるのを「記憶」としても不当ではない。しかし、「報復」となると、場所の記憶とはちがって、感情、あるいは危険の記憶であり、蜂が飼い主に慣れるかどうかということとともに、疑問になってくる。蜜蜂とスズメバチとの「戦争」でも、スズメバチの攻撃をうけた蜜蜂が「報復」戦争をしかけるかどうかである。鳥などは攻撃をしかけた人をおぼえていて、襲ってくるという。ある程度の発達をした脳は記憶とそれによる報復をするだろうが、昆虫の脳にそれだけの能力があるかどうか疑問である。

◎安勝子『虫合戦物語』一七二九

草村国のあるじカマキリ大臣とその奥方ハタオリ御前のあいだに生まれたタマムシ姫が、蛍の君と結ばれる。土蜘蛛が横やり、合戦となる。土蜘蛛はいったん討ち取られるがツツガムシに転生し、タマムシ姫を誘拐するが、姫の側が奪回する。そして蛍の君がツツガムシを討ち取って幕となる。

鳥たちの戦いを描いた『鳥鷺合戦物語』などと同じ軍記物語のパロディである。虫たちの世界ではカマキリや蜘蛛が食虫動物であり、スズメバチなどが、攻撃性をもっている。草村国でも虫たちが共存する平和な世界ではなかっ

鎌倉時代の絵巻に描かれた土蜘蛛
（『土蜘蛛草子』東京国立博物館蔵）

た。もちろん、鳥や蛙といった捕食動物もいる。人間の身辺にいる動物たちのなかでは昆虫はもっとも弱いものかもしれない。

◎横井也有「鳥獣魚虫の掟」（『鶉衣』[78]（一七八七〜八八）より）

蛍　夜中火を灯し飛行候事、町々家込みの所は火の元気遣わしく候えば、遠慮いたすべく候。池川田地などの水辺はくるしからず候事。

蛍の光を火と見立てた戯文だが、蛍を鑑賞するのに、家々が混み合ったところは相応しくなく、水辺がいいというのはそれなりにもっともだろう。ただし水辺の蛍狩りで、水におちて溺れる事故がときにあったというのは、先に紹介した吉村の『蛍』や宮本の『蛍川』などにもあることである。蝶や蛍を料亭などで庭にはなすのも虫たちにとっては迷惑なことだと苦々しく思う人もいるし、いずれにしても趣味道楽で、好きなようにすればいいともいえる。

◎笠井昌昭「古典について」一九九七（『虫と日本文化』より）

『万葉集』はコオロギ、古今集以後はキリギリスとなるが、ただしこれはコオロギのこと。

応仁の乱以後、松虫と鈴虫が入れ替わる。ただしその後もこの両者は混乱する。

リンリンとなく虫とチンチロリンとなく虫のちがいである。

銅鐸の絵はトンボ、カマキリ、蜘蛛など、田の害虫を食べる虫が描かれるという。ほかに渉禽類の鳥も描かれるが、これも田の害虫を食べるのかもしれない。

蜂飼いの大臣、藤原宗輔　蜂といひて人刺す虫をなむ好みて飼い給ひける。この話は前にもあげたが、「虫愛ずる姫君」と同じように、本来の職務や本分を忘れて無用な趣味に惑溺する人物を揶揄する文章で、奇人伝である。養蜂の歴史になど間違ってもとりあげられる話ではない。

「閑けさや、岩にしみいる蟬の声」の蟬はニイニイゼミであると筆者は断定。斎藤茂吉がアブラゼミではないかと問題提起をして、論争になったが、茂吉はのちに自説を撤回した。しかし原文が「蟬」とだけいっている以上、そしてまた季節もとくに限定していない以上、それをニイニイゼミととろうとアブラゼミととろうと、読者の自由であるはずである。どの季節でも、またどの蟬でも通ずる感覚を詠んだ句ではないだろうか。

中国の玉蟬は葬送儀礼に用いた。日本には例がない。「日本人は生まれ変わりの思想をもっていなかったことを暗示している」。「生まれ変わり」より「復活」だろう。蟬に生まれ変わることを願って、死者の口に玉蟬を入れたのではないはずだからである。

水野年方《三十六佳撰　蛍狩》1891 年

［謡曲より］

◎『松虫』

安倍野のあたりに、市で酒を売っている男がいた。そこへ毎日のように、若い男が友と連れ立って来て、酒を飲んでゆく。今日もその男たちがやって来たので、酒売りは、月の出るまで帰らぬように引き止める。男たちは、酒を酌み交わし、詩を吟じ、酒中の友情をたたえる。その言葉の中で「松虫の音に友を偲ぶ」と言ったので、その訳を尋ねる。すると一人の男が、次のような物語りを始めた。昔、この阿倍野の原を連れ立って歩いている二人の若者があった。その一人が、松虫の音に魅せられて、草むらの中に分け入ったまま帰って来なかった。そこで、もう一人の男が探しに行くと、先ほどの男が草の上で死んでいた。死ぬ時はいっしょにと思っていた男は、泣く泣く友の死骸を土中に埋め、今もなお、松虫の音に友を偲んでいるのだと話し、自分こそその亡霊であると明かして立ち去る。

（中入）

酒売りは、やって来た土地の人から、二人の男の物語を聞く。そこで、その夜、酒売りが回向をしていると、かの亡霊が現れ、回向を感謝し、友と酒宴をして楽しんだ思い出を語り、千草にすだく虫の音に興じて舞うが、暁とともに名残を惜しみつつ姿をかくす（このあらすじは名古屋春栄会のＨＰから、一部変更して借用）。

「面白や。千草にすだく。虫の音の。機織るおとは。きりはたりちょう。きりはたりちょう。つずり刺せちょうきりぎりすひぐらし。いろいろの色音の中に。別きて我が忍ぶ。松虫の声。りんりんりんりんとして夜の声。冥々たり。すはや難波の鐘も明方の。あさまにもなりぬべき。さらばよ友人名残の袖を。招く尾花のほのかに見えし。跡絶えて。草ぼうぼうたる朝の原の。草ぼうぼうたる朝の原。虫の音ばかりや。残るらん。虫の音ばかりや。残るらん」

酒を飲みながら草原で往生した男が松虫（鈴虫）に転生した話だが、男同士の友情の話であり、死者の霊が松虫になって夜通し鳴くというところに、日本人が松虫の声に感じていた情感のよりどころがほのみえる。現実の松虫は雌をもとめて鳴く。雌雄の求愛の歌であり、同時にそれをかぎりに死ぬさだめの最後の歌の饗宴である。松虫・鈴虫なら、酒をのみかわすかわりに草の露をのむかもしれない。それを男同士、酒をくみかわして酔いつぶれて草原に死んで、亡魂となって鳴きとおす話にしたてたのは、あるいは中世の武士たちの同性愛の文化をうつしたものかもしれない。と同時に、やはり虫の音は死者の亡魂の奏でる調べであって、哀感がただようのである。であればこそ日本人の魂にうったえるところがあるのだろう。河合隼雄の言う「あわれの美学」である。

　なおこの謡曲をもとにして久生十蘭が『黄泉から』を書いている。[79]

［和歌・俳句より］

◎虫の和歌

百とせの　花にやどりて　すぐしてき
此世はてふの　夢にぞありける　　大江匡房

秋は来ぬ　今は籬の　きりぎりす
夜な夜な鳴かむ　風の寒さに　『古今集』巻十

男に忘られて侍りける頃、貴船に参りて、御手洗川に蛍の飛び侍けるを見て詠める。

物思へば沢の蛍も我が身より
あくがれいづる魂かとぞみる　和泉式部『後拾遺集』

明けたてば蟬のをりはへ泣きくらし
夜はほたるの燃えこそわたれ　詠み人知らず

音もせで思ひにもゆる蛍こそ
鳴く虫よりもあはれなりけれ　源重之

せみの声聞けばかなしな夏衣

うすくや人のならむと思へば　　紀友則『古今集』

蛍を魂とみるのは日本だけのことではないのは、先に紹介したグザヴィエ・フォルヌレの『草むらのダイヤモンド』に見るとおりである。そしてフォルヌレでも蛍は人の死を告げるものであったように、和泉の歌でもその蛍の光がふっと消えたときには恋の終わり、あるいはこの世の終わりを思わされるだろう。蛍はいつまでも光っているわけではない。また、いつまでも蛍の光を追って、夜がふけ、朝になれば、むなしさばかりつのるだろう。

源実朝の『金槐和歌集』には次の歌がある。

248 をざさ原夜半に露ふく秋風を
　ややさむしとや蟲の鳴らむ

249 庭草の露の数そふ村雨に
　夜ふかき蟲の聲ぞ悲しき

250 たのめこし人だにとはぬ故郷《ふるさと》に
　たれまつ蟲の夜はに鳴くらむ

251 秋ふかき露寒きよのきりぎりす
　ただいたづらに音をのみぞ鳴く

虫の声を愛でる情緒は日本独特のものというが、ここに描かれたものは、秋の肌寒さを詠うものが多く、虫の声自体の美しさを鑑賞するものではない。虫にかぎらず「あわれ」の情感が日本の詩歌の特徴かもしれないが、秋の肌寒さは「あわれ」とばかりはいえない。人によっては、吹きさらしの日本の家屋で、手あぶりくらいしか暖房もないころの冬の寒さは「あわれ」どころか絶望的でさえあったろう。虫の音はその冬の寒さを予告するのである。

蚤虱音に鳴く秋の虫ならば
　わがふところは武蔵野の原　　良寛

おとろへし蠅の一つが力なく
　障子に這ひて日は静かなり　　伊藤左千夫
夏山に鳴くなる蟬の木がくれて
　秋ちかしとや声もをしまぬ　　実朝
夕立の雲もとまらぬ夏の日の
　かたぶく山にひぐらしの声　　式子内親王
たらちねの母が養う蚕の繭
　隠りこもれる妹を見むよしもがも
　　詠み人知らず『万葉集』
さまざまの浅茅が原の虫の音を
　あはれひとつにききぞなしつる　　良経
左千夫の冬の蠅は梶井の小説の題字にもふさわしい。
式子内親王の夏の夕べのひぐらしの歌は、音感をとも

歌川広重《東都名所 道灌山虫聞之図》

なったあざやかな叙景である。

　実朝の歌には、夏の終わりが命の終わりでもある蟬の声をかぎりに鳴く、その死の予感が聞こえてくる。

◎虫の俳句

蝶がきて連れてゆきけり庭の蝶　一茶
やれうつな蝿が手をする足をする　一茶
行水のすてどころなき虫のこゑ　上島鬼貫
行く水におのが影追ふ蜻蛉かな　千代女
蜻蛉釣りきょうはどこまでいったやら　千代女
ひらひらと蝶々黄なり水の上　正岡子規
啓蟄の蟻が早引く地虫かな　高浜虚子
閑さや岩にしみ入蟬の声　芭蕉
むざんやな甲のしたのきりぎりす　芭蕉
ごきぶりも乗りたるノアの箱船に　副島いみ子

蝿が手をする足をするのは、カマキリが祈るがごとく手をあわせるのと同じく、擬人的な見ようであり、実際はただの身づくろいであり、あるいは攻撃の身支度である。

　蜻蛉釣りの句は、死児追善の句という。あの世でも蜻蛉を追って野を駆けているのだろうかと思う母のこころである。これを読むと日本の詩には形而上学がないなどというのは即断であると思われる。少なくとも、死者があゆむ野の風景は日本人の心性にとって無縁ではない。

　芭蕉の「むざんやな」の句は「実盛の死をめぐって」と書かれている。サネモリ虫のもとになった老残の武将である。が、もちろん時代ははるかに昔である。「つわものどもが夢のあと」である。

　実盛が首を斬られて兜だけ残されて、その下でキリギリスが鳴いているという想像は、かつての戦場で、草葉の陰で鳴くキリギリスに、忘れられた兜を幻視しているのであろう。

　「しずけさや」の句の蟬の種類については、先にふれたが、実作者の感懐もまた捨てがたい。

　ゴキブリの句、人間より前から地上に生息していた虫が、人間滅亡の後も生き延びるだろうというなら、箱舟のかわりに宇宙船であってもいいかもしれない。あるいは、地球をのがれて月世界へ着いてみたら、そこにもゴキブリがいて、おもわず懐かしんだりするかもしれない。

てふてふが一匹韃靼海峡を渡つて行つた
安西冬衛「春」

安西冬衛の詩は韃靼海峡から日本のほうを見て詠ったものとされる。故郷を思う哀感のにじむ詩である。蝶が海を渡ることは日浦勇の研究によっても明らかである。

小泉八雲の『蝶の幻想』には次の句があげられている。

釣り鐘にとまりて眠る胡蝶かな　蕪村
睦じや生まれかはれば野辺の蝶　一茶
来ては舞ふ二人静の胡蝶かな　月化

このあたりはルナールの有名な「二つ折りの恋文が、花の番地をさがしてる」を思わせる情緒だが、「二つ折りの恋文」というものは、もらったことのない人にはぴんとこないかもしれない。今はヨーロッパでも日本でも事務用便箋はA4になって、三つに折って封筒に入れる。私用便箋はヨーロッパではA4を四つに折って、ハガキサイズの封筒に入れる。それに対してクリスマスカードや誕生日カードなどは、A5版のカードを二つに折って封筒に入れる。これが「二つ折りの恋文」になる。それを二つ折りのままマントルピースの上などに飾っておくのである。

蕪村の句は「あさがおやつるべとられてもらい水」にも似た風情で、蝶がとまっている釣り鐘を鳴らす手がとまる感じである。音自体には蝶は反応しないかもしれないが、鐘が振動すれば飛び去ってゆくだろう。弾丸がとびかう戦場で、一輪の花にとまった蝶が、この世ならぬ美しさをみせるかもしれない。

◎『山家鳥虫歌』（江戸時代の民謡集）より

恋に焦がれて鳴く蟬よりも　鳴かぬ蛍が身を焦がす
蝶よ胡蝶よ菜の葉にとまれ　とまりゃ名がたつ浮名たつ
声はすれども姿は見えぬ　君は深山《みやま》のきりぎりす
（きりぎりすはコオロギ）
思い乱れて飛ぶ蛍　ゆうべゆうべに身を焦がす

［虫の唱歌］

赤とんぼ
夕焼け小焼けの赤とんぼ
負われてみたのはいつの日か
三木露風

この歌については、九月の東北地方の光景ならありうるが、露風が思い出をうたったという兵庫県では赤とんぼは夕焼けのころはもう寝てしまっているので、別な種類ではないかという異論がある（『虫のはなしⅢ』）

虫の声
あれ松虫がないている
ちんちろちんちろちんちろりん
あれすずむしもなきだして
リンリンリンリンリインリン
秋の夜長をなきとおす
ああおもしろい虫の声

松虫も鈴虫も確かに秋の夜長を鳴きとおす。しかしその理由はなんなのだろう。異性をよぶ恋歌だったら、一晩中、相手がみつからずに鳴いていたことになる。テリトリーの主張にしても、鳴きとおすのは恋がかなわないからではないだろうか。和歌でも秋の虫の音は寂寥を感じさせることが多いが、ひとりものの虫のやむことのない鳴き声には一抹のさみしさがあるのは否定できない。

おつかいありさん
あんまりいそいでごっつんこ
ありさんとありさんとごっつんこ
あっちいってチョンチョン
こっちいってチョン
関根栄一

蟻が仲間とであって触角でさぐりあうのは、仲間であることの認知と情報交換であろう。この歌は蟻の習性をよく観察しているといえよう。

こおろぎ
こおろぎちろちろりん　こおろぎころころりん
ちろちろりん　ころころりん　草の中
関根栄一

こがねむし
黄金虫は金持ちだ　金蔵たてた蔵たてた
あめやでみずあめかってきた
野口雨情

この「黄金虫」はゴキブリのことだという説もあるが、玉虫くらいにしておいたほうが無難だろう。

ちょうちょう
ちょうちょう　ちょうちょう
菜の葉にとまれ　菜の葉にあいたら桜にとまれ
桜の花の花から花へ
とまれよあそべ　あそべよとまれ
野村秋足

ぶんぶんぶん
ぶんぶんぶん蜂がとぶ
おいけのまわりにのばらがさいたよ
ぶんぶんぶん蜂がとぶ
村野四郎

ほたるこい
ほうほうほたるこい
あっちのみずはにがいぞ
こっちの水はあまいぞ

ほうほうほたるこい

蛍の光

蛍の光、窓の雪　文読む月日かさねつつ
いつしか年もすぎの戸を　あけてぞ今朝は別れ行く
稲垣千穎

蛍の光は中国の故事からだが、その光で本を読むことは、本居宣長ができないことではないが、非現実だと言ったという。もっとも中国の蛍は日本のゲンジボタルなどよりあかるいのだという説もある。またその発光は雌雄間の性的合図だというが、幼虫も光る理由はわからないらしい（『昆虫博物館』）。

歌謡曲では『てんとう虫のサンバ』（さいとう大三作詞、一九七三）がある。[80]

［虫のことわざ］

一寸の虫にも五分の魂
あぶはち取らず
男やもめに蛆がわく
獅子身中の虫
小の虫を殺して大の虫を助ける
蓼くう虫もすきずき
飛んで火にいる夏の虫
泣きっ面に蜂
苦虫を噛み潰す

以上、蜂や蛆などの現実の動物についてのことわざと、「一寸の虫」のように人間をむしけらにたとえたことわざがあるが、「虫のいどころが悪い」といった表現に属することわざはみられない。「虫がすかない」といった表現でも、理性的に判断・制御できない感情的な心の動きを「虫」と表現するが、ことわざはより現実的である。獅子身中の虫は猛獣を体の中から蝕む寄生虫、あるいは病気をさす表現から、団体のなかで、破壊的行動にでる異分子をさす表現になったが、組織の結束を大事にする日本では、異分子がいてもなるべくうまくとりこむことが指導者の能力とみなされ、異分子のほうは最終的には組織から排除されても、たんなる負け犬とみなされる。組織の統率力にさからって異論をつらぬく英雄的反抗分子はあまり喝采されない。したがって、いくぶん異分子を好意的にみるこの表現もあまり使われない。

「蓼くう虫もすきずき」は、人の好みがさまざまであること、ときにふつう好まれない変わったものを愛好する人、あるいは意外なとりあわせの男女などについていうが、蓼を食べる虫もいるように、人の好みはさまざまであるとの意で、蓼くう虫を好んで食べる鳥がいるという意味ではない。中国の「鶴林玉露」にある。「蓼虫は苦さをしらず、蛆虫は臭さをしらず」という。谷崎に「蓼食う虫」がある。男女関係はさまざまで、ある者にとってはいやな女がほかの者には女神のようであったりする。タデはすりおろしてタデ酢として鮎の塩焼きにそえられる。ちなみにタデの苦みはかならずしも毒ではないようだが、ニコチンなどを含むタバコを食害する虫の場合、ニコチンをコチニンという無害な物質にかえて消化しているという（『昆虫博物館』）

「小の虫を殺して大の虫を助ける」は、大きなものを救うには小事の犠牲はやむを得ないという意味だが、虫の世界でいえば矛盾したことわざとも思える。弱肉強食の世界では大の虫が小の虫を食べるのは普通である。あえて小の虫を殺して大の虫を助ける必要もないだろう。トンボがハエを食べるのは大の虫が小の虫を食べる例で、自然の理である。カマキリが蝶を食べるときはどちらが大でどちらが小かわからないが、いずれにしても自然のいとなみに手をだすことはない。芋虫を蟻に食べさせるとなれば、このことわざの逆になる。大事をおこなうにあたって、些細な犠牲をいとうべきではないというのであれば、逆に小事にこだわって、大事をそこなう場合にいう「角をためて牛を殺す」がふさわしい。小の虫うんぬんは虫の世界としても、人間の世界でもあまり適切な例とはいえない感じがする。

飛んで火にいるというのは、現実にありそうで、なかなかない。電灯には飛び込んでくるが、たき火などに虫が飛び込んで燃えてしまうという光景はあまりみかけない。また実際にも、なにかさわいでいるところに、怖いもの見たさで近寄って怖い目にあうということもそうはないだろう。火事の家に飛び込んで子供を助け出すなどというときは、このことわざは使わない。いったいどんなときに使うのだろう。破滅することを知りながら誘惑に負けていかがわしい投資話などにのるといった場合だろうか。

「あぶはち取らず」も、ちょっとピンとこないのは、人間にとってはアブも蜂も嬉しい存在ではないからだ。蜘蛛が巣にかかった蜂とアブの両方をとろうとして両方ともにげられてしまうというのだが、出典は定かではない。二兎を追うもの一兎をも得ずとはすくなくとも語感がちがっている。兎のほうは欲張って損をするという感じであり、あぶはちのほうは、思惑はずれというところである。就職活動などで、二社から内定をもらって、一社にしぼって、もう一方を断ったあとで、本命のほうから断りの通知がきたなどという場合にはあぶはち取らずである。単に両方を同時に狙うのではなく、なんらかのアクションを起こして、それが裏目にでた場合にあぶはち取らずという。

苦虫を噛み潰すというのは、実際に経験した者にはよくわかる。ヨトウムシの入ったさやえんどうを知らずにかじったことがあるが、じつに苦かった。米粒のなかにまぎれこんだコクゾウムシでは、さして苦くはない。カメムシなどをかじれば苦そうだが、日本ではカメムシを食べる習慣はなかった。

［虫の映画］

◎『風の谷のナウシカ』一九八四

宮崎駿の劇画アニメーション『風の谷のナウシカ』には多くの虫が登場する。王蟲《オーム》のほか、大王ヤンマ、牛アブなどもいる。そのなかでは王蟲がほかの虫たちを支配している。しかし、かれら王蟲のなかに王がいるわけではない。幼い王蟲をつかまえて空中につるすと王蟲たちが一斉にかけつけてくる。それを風の谷にむけて進軍させる。しかしナウシカが立ちはだかって、なんとか彼らとコミュニケーションをとろうとする。彼女の犠牲によって王蟲たちは鎮まる。彼らは腐海の底の森に棲んでいる。腐海の瘴気には抵抗するだけではなく、その瘴気をろ過して無害にする。ナウシカが夢見たように王蟲たちと協力する体制ができれば、腐海の浸食はやみ、空気も澄んでくるかもしれない。『アニメージュ』誌上に連載されたコミックス版と映画版では物語の展開が異なるが、王蟲が主人公であることは変わらない。団子虫のように折りたためる甲殻をもっており、十数箇の目をもっているが、聴覚器はあるかどうかわからない。体躯は巨大で、戦車何台かで攻めてもびくともしない。脚は無数にある。攻撃的な口唇はもっていない。翅もないので空は飛べない。ひっくり返されると足をばたつかせるだけで、起きあがれそうにない。大群が攻撃してくると脅威的だが、実際の攻撃性はなく、敵に体当たりして押し潰すくらいしかできないだろう。究極的には平和な存在である。

◎『モスラ』一九六一

映画の虫では巨大蛾の『モスラ』がある。あるいはウルトラマンシリーズに登場した蝉人間もいる。

モスラは南太平洋のとある島の守護神である。その島の女がさらわれて日本に連れてこられた。それを奪い返すために、卵の中で眠っていたモスラが目をさます。そして巨大な蛾の幼虫となって島の女を奪還しに東京に襲来した。東京では東京タワーをへしおったりして大暴れし、やがて繭をつくって羽化し、羽の開張五百メートルという怪物蛾になって東京を壊乱し、島の女を救出して島に帰ってゆく。蛾はふつう蜜を吸う吸汁筒しかもっていないが、モスラは左右に開いてものをかみ砕く咀嚼口をもっている。その他はふつうの蛾の寸法を大きくしただけのようである。王蟲のように環境を護る意識などはもっていない。

スパイダーマンはスーパー・スパイダーに噛まれて蜘蛛のような身体能力を獲得するが、精神的にはかならずしも社会派ではない。

手塚治虫の原作をもとにした『ミクロイドS』では改造蟻ギドロンが昆虫軍団を率いる。それに対してアゲハ、ヤンマ、マメゾウらが、美土路《みどろ》学らとともに戦う。

フランスのテレビアニメに『ミニスキュル　ちいさな虫の物語』があり、一部、日本でも上映された。いたずらもののテントウムシや、蜘蛛や蟻、蝶や雀蜂、蟬、蜻蛉などが登場する。

『コレクター』（一九六五）は蝶の収集家の話。『巨大蟻の帝国』（一九七八）は核廃棄物で巨大化した蟻が人を襲う話。『ミミック』（一九九七）はウイルスを運ぶゴキブリに対抗するべくつくりだした「ユダの血統」という人工昆虫の話。『昆虫大戦争』（一九六八）は、ベトナムへむかう米軍機が昆虫の大群に襲われて墜落、知能をもった昆虫たちと人間との戦いが描かれる。

おわりに

鳥の餌になる虫が、鳥と同じように海を越えて渡りをする。シロアリの世界の秩序や職能分担、蟻のコミュニケーション、そして大部分の昆虫の変態、一部の虫の擬態、ここには動物の世界の神秘がある。昆虫の誕生の秘密は鳥にも魚にも獣にも知られていないものである。十七年土中ですごして、二〜三日の命のかぎり鳴きたてる蟬の生活にしても、交尾をして死んでしまう雄たち、産卵をして死ぬ雌たち、そこには生命の秘密が準備されている。交尾産卵をするためにだけ生まれてきて、声をかぎりに鳴きたててパートナーを呼ぶ虫たち、そこにはただ一日開いて散る花にも似たはかなさの美がある。ミシュレにならって、鳥についての思索に続いて虫について随感をつらねたが、人間たちが世界中で、身近な小さきものとしての虫を眺めながら、歌をうたい、生について、死について思索をめぐらせてきたその総体の、ここではごく一部をしかあげることはできなかった。中国の神話はあまり取り上げられなかったし、インドもアラビアもほぼ完全にぬけおちていた。動物種としても、稲の害虫ニカメイチュウには触れる余裕もなかった。昆虫で足りずに蜘蛛やサソリを含めたが、カタツムリなどは敬遠した。書けなかったことを並べてもきりがない。百万種とも一千万種ともいう昆虫のすべてを網羅するには至らなかったのはいうまでもない。それ以上に昆虫についての知識の欠如は隠しようがない。神話や物語に描かれた虫を取り上げたので、動植物をあらわすのに使われる科学的な表現をとらなかった場合もある。一般に動植物の和名はカタカナで記述するが、ここでは蚊、蟻、蠅、蝶、蛾、玉虫、黄金虫など、文学的慣用に従ったところがあり、昆虫を一頭、二頭といわず、一匹、二匹、あるいは一羽、二羽としたところもある。ただそれでも、虫の「魅惑」にひきずられて、なにかわからない虫の代表格であるカフカの「虫」などについて考えることができたのは幸いだった。世界にはまちがいなく虫の神話があるといえるだろう。

いつもながら編集の三宅郁子さんにお世話になった。今回は図版だけではなく、資料集めでも助けていただいた。

篠田知和基

二〇一八年四月

参考文献

ジーン・アダムズ、小西正泰訳『虫屋のよろこび』平凡社、一九九五
C・B・ウイリアムズ、長沢純夫訳『昆虫の渡り』築地書館、一九八六
リチャード・ウイルキンソン、内田杉彦訳『古代エジプト神々大百科』東洋書林、二〇〇四
ベルナール・ウエルベル、小中陽太郎・森山隆訳『蟻』角川文庫、二〇〇三
ハワード・E・エヴァンズ、羽田節子・山下恵子訳『昆虫学の楽しみ』思索社、一九九〇
ハワード・E・エヴァンズ、日高敏隆訳『虫の惑星』早川書房、一九七二
オウィディウス、田中秀央・前田敬作訳『転身物語』人文書院、一九六六
オルティスほか、松浦俊輔ほか訳『アメリカ先住民の神話伝説　上・下』青土社、一九九七
『カフカ全集4』江野専次郎・近藤圭一訳、新潮社、一九五九
フランツ・カフカ、原田義人訳『世界文学全集29　変身・城』河出書房新社、一九六二
フランツ・カフカ『カフカ全集3　田舎の婚礼準備・父への手紙』新潮社、一九八一
クラウズリー＝トンプソン、小西正泰訳『歴史を変えた昆虫たち』思索社、一九八二
マイケル・グラントほか、西田実ほか訳『ギリシア・ローマ神話事典』大修館書店、一九八八
サルトル、加藤道夫・白井浩司訳『新潮世界文学47　サルトル』新潮社、一九六九
シュナック、岡田朝雄訳『蝶の生活』岩波文庫、一九九三
『ブルーノ・シュルツ全集』工藤幸雄訳、新潮社、一九九八
スタンダール、桑原武夫・生島遼一訳『赤と黒』河出書房、一九六四
チャペック、田才益夫訳『チャペック戯曲全集』八月舎、二〇〇六
ディケンズ、佐藤香代子訳『炉端のこおろぎ』東洋文化社、一九八一
ルイス・キャロル、高山宏訳『不思議の国のアリス』亜紀書房、二〇一五
ルイス・キャロル、山形浩生訳『鏡の国のアリス』朝日出版社、二〇〇五
ルーシー・W・クラウゼン、小西正泰・小西正捷訳『昆虫のフォークロア』博品社、一九九三
デヴィッド・ジョージ・ゴードン、松浦俊輔訳『ゴキブリ大全』青

土社、一九九九

ベルンド・ハインリッチ、渡辺政隆訳『ヤナギランの花咲く野辺で』どうぶつ社、一九八五

ハンス・ビーダーマン、藤代幸一監訳『世界シンボル事典』八坂書房、二〇〇〇

ピエール・ブリュネル、門田眞知子訳『変身の神話』人文書院、二〇〇四

『完訳ファーブル昆虫記』全二十巻、奥本大三郎訳、集英社、二〇〇五〜一七

カール・フォン・フリッシュ、桑原万寿太郎訳『十二の小さな仲間たち』思索社、一九八八

ヘルマン・ヘッセ、岡田朝雄訳『蝶』岩波書店、一九九二

メイ・R・ベーレンバウム、久保儀明訳『ゴキブリだって愛されたい』青土社、二〇一〇

メイ・R・ベーレンバウム。小西正泰監訳『昆虫大全』白揚社、一九九八

ヴィクトル・ペレーヴィン、吉原深和訳『虫の生活』群像社、一九九七

ホフマン、深田甫訳『ホフマン全集9』創土社、一九七四

ワルデマル・ボンゼルス、高橋健二訳『世界の名作全集12　みつばちマーヤの冒険』国土社、一九九三

ジュール・ミシュレ、石川湧訳『博物誌　虫』思潮社、一九八〇

ピーター・ミルワード、安西徹雄訳『ミルワード氏の昆虫記』新潮社、一九七六

メーテルリンク、田中義廣訳『蟻の生活』工作舎、一九八一

メーテルリンク、山下知夫・橋本綱訳『蜜蜂の生活』工作舎、一九八一

レヴィ＝ストロース、早水洋太郎訳『蜜から灰へ　神話論理II』みすず書房、二〇〇七

ジョアン・エリザベス・ローク、甲斐理恵子訳『昆虫　この小さきものたちの声』日本教文社、二〇〇七

ロートレアモン、石井洋二郎訳『ロートレアモン全集　イジドール・デュカス』筑摩書房、二〇〇五

Yves Cambefort, *Le scarabée et les dieux*, Boubée, 1994

Jean Chevalier et al. *Dictionnaire des symboles*, R. Lafont, 1969

Théophile Gautier, *Poésies complètes*, Charpentier, 1845（tier）

Angelo de Gubernatis, *Mythologie zoologique*, Arché, 1987

Nanon Gardin, Robert Olorenshaw et al., *Petit Larousse des Symboles*, Larousse, 2006

Jacques Lacarrière, *le Pays sous l'écorce*, Seuil, 2007

Alphonse de Lamartine, *Nouvelles méditations poétiques*, 1823

Elisabeth Motte-Florac et al, *les Insectes dans la tradition orale*, Leuven, Peeters, 2003

Gérard de Nerval, *Oeuvres*, Gallimard, 1964
Charles Nodier, *Contes*, Garnier, 1963
Rimbaud, *Poésie*, Gallimard, 1975
Eugène Roland, *Faune populaire de la Fance*, Maisonneuve, 1882
George Sand, *Histoire du véritable Gribouille*, Gallimard, 1978
Paul Sébillot, *La faune*, Imago, 1984
André Siganos, *la Mythologie de l'insecte*, Librairie des Méridiens, 1985
Gilles Tétard, *le sang des fleurs*, 2004
Collectif, *Des insectes et des hommes*, Ed. EMCC, 2004

『ユリイカ　昆虫の博物誌』27（10）青土社、一九九五
芦田正次郎『動物信仰事典』北辰堂、一九九九
安部公房『砂の女』新潮社、一九七二
荒俣宏『世界大博物図鑑』平凡社、一九九一
『芥川龍之介全集』筑摩書房、一九九四
伊集院静『とんぼ』講談社、一九九五
『井伏鱒二全集』筑摩書房、一九六六
『有吉佐和子集　新日本文学全集四』集英社、一九六二
飯倉照平編訳『中国民話集』岩波書店、一九九三
石井象二郎『昆虫博物館』明現社、一九八八
『泉鏡花全集』岩波書店、一九七四
伊藤清司『サネモリ起源考』青土社、二〇〇一
伊藤智夫『絹Ⅰ』法政大学出版局、一九九二
今橋理子『江戸の動物画』東京大学出版会、二〇〇四
上田恵介『擬態』築地書館、一九九九
上田哲行『トンボと自然観』京都大学学術出版会、二〇〇四
梅谷献二『虫の民俗誌』築地書館、一九八六
梅谷献二『文明のなかの六本脚　虫の博物誌』築地書館、一九七七
梅谷献二編著『虫のはなし』全三巻、技報堂、一九八五
袁珂、鈴木博訳『中国神話・伝説大事典』大修館書店、一九九九
『内田百閒全集』講談社、一九七一
大岡昇平『武蔵野夫人』新潮社、一九五〇
大庭みな子『花と虫の記憶』中央公論社、一九七九
奥泉光『虫樹音楽集』集英社、二〇一二
奥本大三郎『虫の宇宙誌』青土社、一九八一
奥本大三郎監修『虫の日本史』新人物往来社、一九九〇
尾崎一雄『暢気眼鏡・虫のいろいろ：他十三篇』岩波文庫、一九九八
小沢俊夫編『世界の民話　アジア』他、ぎょうせい、一九七七
小沢俊夫編『日本の民話　九州』他、ぎょうせい、一九七九
笠井昌昭『虫と日本文化』大巧社、一九九七
『梶井基次郎全集』筑摩書房、一九八六
柏田雄三『虫塚紀行』創森社、二〇一六
香山滋『妖蝶記』講談社、一九五九

『金子光晴詩集』思潮社、一九七五
上垣守國『養蚕秘録　日本農書全集35』農山漁村文化協会、一九八一
川村俊一『昆虫標本商万国数寄譚』河出書房新社、二〇一二
川野明正『中国の憑きもの』風響社、二〇〇五
『川端康成全集』新潮社、一九六九
岸本良一『ウンカ海を渡る』中央公論社、一九七五
北杜夫『どくとるマンボウ昆虫記　北杜夫全集12』新潮社、一九七七
串田孫一編『日本の名随筆　虫』作品社、一九八五
『国枝史郎伝奇全集』未知谷、一九九二
栗原毅『蚊の博物誌』福音館書店、一九九五
『小泉八雲全集』第一書房、一九二六
後藤明生『蜂アカデミーへの報告』新潮社、一九八六
小西正己『古代の虫まつり』学生社、一九九一
小西正泰『昆虫の本棚』八坂書房、一九九九
小西正泰『虫の博物誌』朝日新聞社、一九九三
小西正泰『虫の文化誌』朝日新聞社、一九七七
更科源蔵『コタン生物記 III　野鳥、水鳥、昆虫編』法政大学出版局、一九七七
斎藤慎一郎『蜘蛛』法政大学出版局、二〇〇二
笹川満廣『虫の文化史』文一総合出版、一九七九
沢田瑞穂『中国の呪法』平河出版社、一九八四
沢野久雄『夜の河』講談社、一九五二
芝木好子『黄色い皇帝』文藝春秋、一九七六
白川静『中国の神話』中央公論社、一九七五
澁澤龍彦監修『動物の謝肉祭』北宋社、一九八〇
関敬吾ほか監修『アジアの民話6　ミクロネシアの民話』大日本絵画、一九七九
瀬川千秋『中国　虫の奇聞録』大修館書店、二〇一六
瀬川千秋『闘蟋―中国のコオロギ文化』大修館書店、二〇〇二
曽野綾子『アレキサンドリア』文春文庫、一〇〇五
高田宏『生命のよろこび』新潮社、一九九六
『立原えりか作品集8　天のひつじかい』思潮社、一九七三
豊島与志雄『日本幻想文学集18　豊島与志雄』国書刊行会、一九九三
中山太郎「人が虫になった話」『郷土趣味』四巻二号
中野京子『情熱の女流昆虫画家』講談社、二〇〇二
中村禎里『日本人の動物観』星雲社、二〇〇六（改定版）
中村禎里『動物たちの日本史』海鳴社、二〇〇八
長澤武『動物民俗』法政大学出版局、二〇〇五
畑中章宏『蚕』晶文社、二〇一五
濱田和一『虫飼い物語』審美社、一九七六
板東眞砂子『蟲』角川書店、一九九四

樋口覚『短歌博物誌』文藝春秋、二〇〇七
広津和郎『動物小品集』築地書館、一九七八
日浦勇『海をわたる蝶』講談社、二〇〇五
『正岡子規全集』改造社、一九二九
『水上勉全集』中央公論社、一九七六
三橋淳、小西正泰編『文化昆虫学事始め』創森社、二〇一四
三好達治ほか『ちくま文学の森12　動物たちの物語』筑摩書房、一九八九
三木卓『昆虫のいる風景』新潮社、一九七八
皆川博子『化蝶記』読売新聞社、一九九三
皆川博子『蝶』文藝春秋、二〇〇五
『宮沢賢治全集』筑摩書房、一九九七
宮本輝『蛍川』角川書店、一九八〇
森敦『月山』河出書房新社、一九七四
『室生犀星全集』新潮社、一九六四
安富和男『害虫博物館』三一書房、一九九三
吉村昭『蛍』筑摩書房、一九七四
渡辺孝『ミツバチの文化史』筑摩書房、一九九四

「古事記」、「日本書紀」、「風土記」、「枕草子」、「堤中納言物語」ほか、古典は岩波版『日本古典文学大系』ほか。「聖書」は日本聖書協会の新共同訳（一九八七）を使用した。

『イソップ物語』より、蟻はむかし人間だったという寓話（メディチ家の写本、15世紀末）

蜘蛛に姿を変えられたアラクネを前にしたダンテとウェルギリウス
（ギュスターヴ・ドレ画、ダンテ『神曲』煉獄篇より）

註記

はじめに

01　セビヨの『フランス・フォークロア』でも「昆虫」の項にさそり、蜘蛛などが含められている。生物学の分類と日常生活の認識のちがいであろう。
02　昆虫は「身近な小さなもの」である。それだけに怪奇幻想では巨大な昆虫が想像される。
03　ゴキブリが不快害虫とされるのにはその名前もかかわっているだろう。ゴキブリという語感が不快感をよびおこす。もとは「御器かぶり」だったという。
04　「キリギリスとなるとむしろやかましく、クツワムシとなると安眠妨害にもなる」これは虫好きの北杜夫の言である（『どくとるマンボウ昆虫記』）。
05　蜂は一度さされると抗体ができ、二度目はアレルギーになるという。クラゲなども一度さされた人は二度目は被害が大きい。
06　約一八〇万種というが、どんどん新種が発見されて増えてゆく。
07　日本聖書協会の共同訳による。

I　神話のなかの虫

01　ジョナサン・エドワーズ（一七〇三～五八）はアメリカの神学者。
02　エルネスト・ルナン（一八二三～九二）はフランスの思想家。『イエス伝』などがある。
03　トートはトキの姿で表わされることもあるが、神像としてはマントヒヒで表わされる。
04　オシリスはからだにぴったり密着した服装で表現される。蛹をあらわすのである。
05　蛹は変容の期間とみなされていた。秘儀入門の密室ともされていた。イニシエーションにおける生まれ変わりの場（洞穴）である（『ラルース象徴事典』）。
06　いずれも「おそろしい女神」である。死と生の両方を司る。イシスはコブラで、セルキスはサソリで神の意にそわないものに死を送る。サソリやコブラで神々をあらわすのは、神々が本来はおそろしいものであることを示すものだろう。
07　ヘラがイーオーを牝牛に変えたとも、ゼウスがそうしたともいう。
08　その際、ボスポロス海峡を渡ったが、これは「牝牛の渡場」の意味である。
09　クジャクチョウは彼女の涙から生まれたといい、学名にイオの名がついている。

10 アイギーナ島の住民は蟻のように勤勉でがまん強いので、蟻を意味する「ミュルミドン人」の名がついたという説もある。また蟻を意味するミュルメクスという名のニンフが犂を発明したともいう（『世界シンボル事典』）。

11 以下、この物語はアプレイウスの『黄金のロバ』の挿話として語られる。

12 なぜ愛神の姿を見てはいけなかったのかは書かれていないが、古代の宗教においては神の姿は俗人の見るものではなかった。イニシエーションを経てはじめて神の姿をまのあたりにしたのである。プシュケの場合もこのあとの試練を耐えることによって神の姿を見ることができるようになって、苦難から救われる。神は姿を見せずに試練に耐える様子を見守っていたのである。イシス神秘では、イニシエーションを一段終えるたびに女神をおおうヴェールが落ち、最後は光り輝く裸身が見られる。

13 昔話（「悪魔の娘」「天人女房」など）では、男が異界を訪れて、白鳥処女などを獲得、その父親に難題を課されるが、異界の女が助けてくれる。プシュケの場合とは男女の役割が逆になっていることが多い。

14 アラクネはゼウスとレダやダナエとの色事を織り出した。その出来は見事だったが、その主題の不敬をアテナが罰したともみられる。

15 ただし、エンディミオンは眠っていて、女神の愛にこたえることはできなかった。

16 ギリシャは漁業も盛んだが、魚を神に捧げる例は寡聞にしてきかない。家畜ではないからだろうか。ただし『世界シンボル事典』によれば、エジプトではウナギはヘリオポリスの神に、スズキはネイトに捧げられたという。

17 巨人の狩人。アルテミスを犯そうとしてサソリによって罰せられた。

18 ルナールに言わせればバッタは虫の世界の憲兵である。

19 アフリカのトリックスターは兎かクモである。

20 エジプトのスカラベのお守りを思わせられる。エジプトでも緑色の石に刻む。これを死者の心臓の位置において埋葬する。

21 世界的な伝承だが、頭髪のなかに百足がたくさんうごめいていたというのはその頭が巨大であったことを示しているだろう。スサノオは大男だったのだ。神々はだいたい並みの人間より大きかった。小さいほうでスクナヒコナが小さかったといっているが、こちらのほうが人間なみの寸法で、大国主やスサノオが巨大だったのかもしれない。ギリシャの神々も巨大だったのは、その像を見ればわかる。みな二メートルを越える巨像である。

22 この神話には田畑の豊穣を祈るには歳神をまつるべきだったこと、それに反して牛を殺してその肉を食べていたのは、いわゆる「殺牛祭」で、異国の風習だったこと、神をまつらない田には蝗が発生したことなどが語られている（平林章仁『神々と肉食の古代史』二〇〇七年、吉川弘文館、など参照)。

23　この話は天皇がほかの女のところへ通っているのを憤った后が天皇の手をのがれて知人の館に身をよせたときの話で、三様の虫というのは口実にしかすぎないが、その虫、すなわち蚕がかならずしもまだ一般には知られていなかったことを示している。

24　「這う虫」は青虫やヨトウムシのたぐいであろう。

25　リトアニアの国民的伝承「蛇の女王エグレ」では、海底に鍛冶をする蛇族が住んでいる。

II　虫の民俗

01　アフリカナイズドミツバチともいう。攻撃性が強い。

02　蜂蜜酒は、蜂蜜に水をくわえて放置すると自然にでき、レヴィ＝ストロースによれば、自然から文明に移行する第一段階の生産物という。

03　クレタの王ミノスと妃パシパエのあいだの子、あやまって蜂蜜の壺に落ちて死んだが、預言者ポリュイードスが、蛇が死んだ仲間を薬草で生き返らせるのをみて、グラウコスを蘇生させた。その後、預言の術をグラウコスに教えたが、立ち去る際、グラウコスの口に唾をはきかけて、それまでに教えたことをすべて忘れさせた。

04　ゼウスは父のクロノスに呑みこまれるところを母のレアが隠してクレタ島の山の中で山羊の乳で育てさせた。

05　『*Georgica*』。前三七～二九頃に書かれたとみられる。

06　『*Rerum rusticarum libri tres*』前三七年。ウァルロは前一一六～二七年のローマの文人・学者。多分野にわたり多数の書物を書いたといわれる。

07　『*De re rustica*』前六〇年頃。コルメラは一世紀中頃のローマの作家。

08　アレクサンドロス大王は遠征の途中病死したが、その遺骸は蜂蜜につけて故国へ運ばれた。

09　「春」に「おののく蜻蛉は池の水にその瞳をうつす」という詩句がある。

10　実盛は斎藤別当実盛、義仲との戦いに老齢をおし、白髪を染めて出陣したが、武運つたなく、討ち取られた。そのとき、苅田のなかに馬を進め、稲の刈り株に馬がつまづいてころんだのが、その戦死の原因といい、以来、稲に恨みをもって実盛虫となって害をなしたという。

11　チチュウカイミバエなどで不妊処理がおこなわれているが、そのうち、放射線性奇形種で体長一メートルの巨大ミバエなどが発生して人間を駆逐するといった話があるかもしれない。

12　幼い子供が蚊にたかられ寝られないので、工面をして買った蚊帳だった。

13　幻想文学でよく語られる話では、壜に入った小鬼を買い取るとなんでも願いがかなうが、生きているうちにほかへ売り渡さないと死後、地獄で責めさいなまれる。しかし買った値段より安く売らなければならず、最後は一セントになって、もう売れなくなる。ただし為替相場の安い国へゆくと、まだ硬貨何枚かで売れたという。

14　三尸が天へのぼってゆくのは庚申講で防いだとしても、われわれの悪事はたとえば室内を飛びまわる蝿や蚊、あるいは壁のなかにひそむゴキブリによって確実に目撃されていて、天帝はそれをかれらをとおして見通しているのかもしれない。ゴキブリが人間の生活を観察している話では北杜夫に『高みの見物』という作品がある。

III　昔話の虫

01　アアルネとトンプソンは世界中の昔話を分類して番号をつけた。AT300龍退治など。

02　マルセル・ベアリュ『水蜘蛛』（一九四八年）は、川べりを歩いているときに水の上から歌声がきこえてきて、その歌い手である水蜘蛛を拾って持ち帰ってきたところから物語が始まる。妻の目に届かないように屋根裏部屋に隠しておくと、蜘蛛はだんだんと大きくなり、ちょっとこぶりな少女になった。そして主人公にからみついて愛を求める。しかしもちろん妻が気がつくに至り、最後に川へ抱いていって、もといたところへ放りこもうとした。しかし少女は彼にしがみついて離れず、ふたりとも川に落ちてゆく。

03　山姥の場合、正体をあらわした女が桶に男をつめこんで、山へのぼってゆき、子供たちに食わせようとする。途中で木の枝がたれているところで、その枝につかまって逃れ、菖蒲と蓬のなかに隠れる。

04　蜘蛛の怪異では江戸川乱歩に『蜘蛛男』（一九三〇年）もある。

05　蜜蜂の8の字ダンスは、太陽に対する角度と蜜源までの距離を尻のふりかたなどであらわすダンス。

06　十四世紀のヴァレンシアの聖人。スペインのユダヤ人を保護し、改宗させた。

IV　文学の虫・詩歌の虫

01　北杜夫には昆虫採集に夢中になっていた青年が落ちぶれた収集家に出会う話『渓間にて』がある。フトオアゲハが中心になり、台湾での冒険が回想される。

02　アンリ・シャリエール『パピヨン』一九六九年。

03　ヘルマン・ヘッセ（一八七七〜一九六二）。『ガラス玉演戯』（一九四三年）ほか。ドイツのノーベル賞作家。

04　シャルル・ノディエ（一七八〇〜一八四〇）。『パン屑の妖精』『炉辺夜話集』ほか。フランスの幻想作家。

05　E・T・A・ホフマン（一七七六〜一八二二）。『悪魔の妙薬』ほか。ドイツの幻想作家。

06 スタンダール（一七八三〜一八四二）。『パルムの僧院』ほか。フランスの小説家。
07 ルイス・キャロル（一八三二〜九八）。『スナーク狩り』ほか。イギリスの数学者、作家。
08 チャールズ・ディケンズ（一八一二〜七〇）。『オリヴァー・ツイスト』ほか。イギリスの作家。
09 グザヴィエ・フォルヌレ（一八〇九〜八四）。フランスの詩人、小説家。
10 ロートレアモン（一八四六〜七〇）。本名イジドール・デュカス。フランスの詩人。
11 ジョルジュ・サンド（一八〇四〜七六）。『魔の沼』『フランス田園伝説集』ほか。フランスの小説家。
12 ワルデマル・ボンゼルス（一八八一〜一九五二）。ドイツの児童文学者。『マリオと動物たち』ほか。
13 日本ではテレビアニメの『昆虫物語 みなしごハッチ』がある。ハッチは雄である。
14 ヒュー・ロフティング（一八八六〜一九四七）。『ドリトル先生』シリーズの作者。イギリスで生まれ、アメリカへ渡って活躍した。
15 フリードリッヒ・シュナック（一八八八〜一九七七）。『おもちゃ屋クリック』ほか。ドイツの作家。
16 ホメロスが実在し、老いさらばえた乞食の姿で、海岸の小屋に住んでいた。それをたずねあてた語り手は、老人から、忘れられた記憶を手繰り寄せようとする。老人は『オデュッセイア』の一節を歌いだした。老人が息絶えたとき、その唇に赤いアポロチョウがきてとまった。この作品については北杜夫のレジュメもある（『どくとるマンボウ昆虫記』）。
17 フランツ・カフカ（一八八三〜一九二四）。『城』ほか。
18 カフカはユダヤ人だった。彼の妹たちは強制収容所で死んでいる。
19 ブルーノ・シュルツ（一八九二〜一九四二）。『クレプシードラ・サナトリウム』ほか。シュルツもユダヤ人だった。最後はゲシュタポに殺された。父親がゴキブリに変身する話は、ユダヤ人を虫扱いする当時の社会の風潮をふまえているのかもしれない。
20 ハンス・ハインツ・エーヴェルス（一八七一〜一九四三）。『アルラウネ』ほか。ドイツの幻想作家。
21 エドワード・フレデリック・ベンスン（一八六七〜一九四〇）。イギリスの怪奇小説家。
22 レイ・ブラッドベリ（一九二〇〜二〇一二）。アメリカの怪奇小説家『黄泉からの旅人』ほか。
23 ジョン・B・L・グッドウイン（一九一二〜）。この作家については翻訳のあとがきでも不詳とある。謎の人物である。生年も確かではない。
24 ジョン・ソール（一九四二〜）。『魔性の殺意』ほか。アメリカの怪奇小説家。

25　カレル・チャペック（一八九〇〜一九三八）。チェコの作家。『山椒魚戦争』ほか。

26　パール・バック（一八九二〜一九七三）。『神の人々』ほか。アメリカのノーベル賞作家。

27　ジャン・ポール・サルトル（一九〇五〜八〇）。『自由の道』ほか。フランスの哲学者、小説家。

28　蝿は「たえまない追跡」をあらわす（『ラルース象徴事典』）。

29　ル・クレジオ（一九四〇〜）。フランスのノーベル賞作家。『愛する大地』ほか。

30　ヴィクトール・ペレーヴィン（一九六二〜）。『眠れ』ほか。ロシアの作家。

31　ベルナール・ウェルベル（一九六一〜）。『蟻の革命』ほか。フランスの作家。

32　ジャック・ラカリエール（一九六一〜）。『ギリシャの夏』ほか。フランスの作家、神話研究家。

33　ウェルベルの『蟻』もフォンテーヌブローの森を舞台にして物語が展開するが、とくにフォンテーヌブローに蟻が多いわけではなく、パリでもいたるところに蟻がいる。地下はどこでも蟻の巣で、パリも蟻の巣の上に築かれた「カードの城」なのである。

34　元型的想像力とはユングの用語。アーキタイプ。集合的無意識のなかにあって、個々の夢や象徴のもととなるもの。

35　ネルヴァルは『オーレリア』で、古代の精霊たちが蛹のかたちで再生のときを待っている様子を物語る。

36　像によっては牛の頭が刻まれている場合もある。無数の乳房とみられるものは牛の睾丸であるという。この女神には牛を捧げたのである。そのしるしに睾丸を首にかけた。蜜蠟も寄進したかもしれない。

37　正岡子規（一八六七〜一九〇二）。俳人。肺結核で長く病床にあった。赤とんぼ筑波に雲もなかりけり。

38　小泉八雲（ラフカディオ・ハーン、一八五〇〜一九〇四）。『怪談』ほか。

39　泉鏡花（一八七三〜一九三九）。小説家、劇作家。『高野聖』ほか。『春昼後刻』にうららかな春の日の気分を「鳥か、蝶々にでもなりそう」と言っている。『草迷宮』で、ヒグラシが鳴く。

40　芥川龍之介（一八九二〜一九二七）。『河童』ほか。

41　小川未明（一八八二〜一九六一）。童話作家。

42　宮沢賢治（一八九六〜一九三三）。『銀河鉄道の夜』ほか。メルヘン作家。賢治には意外に昆虫の描写が少ない。『ポラーノの広場』で広場いっぱいに蜂がぶんぶん飛んでいるくらいである。

43　川端康成（一八九九〜一九七二）。『雪国』ほか。虫の作品は少ない。しかし『雪国』に「一散に駆け下りて来ると、足もとから黄蝶が二羽飛び立った。蝶はもつれ合いながら、やがて国境の山より高く、黄色が白くなってゆくにつれて、遥かだった」という箇所があり、大岡昇平の『武蔵野夫人』のように、二羽の蝶が男女の情緒をあらわしている。
44 国枝史郎（一八八七～一九四三）。『神州纐纈城』など。伝奇小説作家。
45 梶井基次郎（一九〇一～三二）。『蒼穹』『器楽的幻想』『闇の絵巻』ほか。
46 内田百閒（一八八九～一九七一）。『冥途』ほか。ユーモアと幻想をたたえた随想をよくした。中編小説でも『残月』『サラサーテの盤』などの名作を残した。
47 室生犀星（一八八九～一九六二）。詩人、小説家。『杏っ子』ほか。
48 豊島与志雄（一八九〇～一九五五）。翻訳家、幻想文学者。
49 尾崎一雄（一八九九～一九八三）。『蟲も樹も』ほか。
50 大岡昇平（一九〇九～八八）。『野火』ほか。
51 澤野久雄（一九一二～九二）。『受胎告知』ほか。
52 香山滋（一九〇四～七五）。推理小説、幻想小説を書いたが、『ゴジラ』の原作者としても知られる。
53 有吉佐和子（一九三一～八四）。『紀の川』ほか。
54 安部公房（一九二四～九三）。『赤い繭』もある。自分の帰るべき家を見失った男は、疲れ果てた手足が糸になってくるくるとほどけ、繭になって彼を包むのを感じた。やがて彼は消滅し、空っぽの繭が残った。「夕日が赤々と繭を染めていた」。本物の繭なら、やがてなかの蛹が羽化して飛び出してくる。しかし、この繭は空っぽである。社会的人格は住まいに還元され、何丁目何番地のなになにさんでしかなくなる。家はあっても中身はない。蚕の繭も人間にとっては外側だけが大事でなかの蚕はなくてもいい。繭というのはそういうものかもしれない。いずれにしても繭は中身の生命や存在とは関係がない。
55 水上勉（一九一九～二〇〇四）。『越後つついし親知らず』ほか。
56 立原えりか（一九三七～）。詩人。
57 井伏鱒二（一八九八～一九九三）。『黒い雨』ほか。
58 森敦（一九一二～八九）。『われ逝くもののごとく』ほか。
59 吉村昭（一九二七～二〇〇六）。『破獄』ほか。
60 濱田和一（一九一八～）。『虫飼い物語』ほか。
61 広津和郎（一八九一～一九六八）。小説家、評論家。
62 三木卓（一九三五～）。『裸足と貝殻』ほか。詩人、小説家、翻訳家。
63 芝木好子（一九一四～九一）。『雪舞い』ほか
64 大庭みな子（一九三〇～二〇〇七）。『赤い満月』ほか。
65 宮本輝（一九四七～）。『約束の冬』ほか。
66 後藤明生（一九三二～九九）。『挟み撃ち』ほか。
67 皆川博子（一九三〇～）。『死の泉』ほか。推理小説、幻想小説。
68 坂東眞砂子（一九五八～二〇一四）。『山姥』ほか。
69 伊集院静（一九五〇～）『ごろごろ』ほか。小説家、作詞家。
70 曽野綾子（一九三一～）。『神の汚れた手』ほか。
71 奥泉光（一九五六～）。『石の来歴』ほか。
72 金子光晴（一八九五～一九七五）。詩人。

73 この詩のふしぎな美しさは、たとえば水色のオオミズアオなどを思わせる。北杜夫はオオミズアオについて、「月や星の光」いや「幽界の水の色」ではないかと言っている（『どくとるマンボウ昆虫記』）。

74 蟻が「いとにくし」というのは、女房たちが甘味ものなどを隠しておくと蟻がたかって食べられなくなることが多いので、「いとにくし」なのだろう。学者なら、貴重な書物をかじる紙魚こそ「いとにくし」にちがいない。

75 『発心集』は鴨長明の発心譚、往生譚、高僧伝などを集めたもの。鎌倉初期。

76 『古今著聞集』は橘成季による鎌倉時代の説話集。

77 『十訓抄』は編者不明の鎌倉時代の説話集。

78 『鶉衣』は一七八七〜八八年に書かれた横井也有の俳文集。

79 谷村志穂は『千年鈴虫』を書いている。謡曲ではなく、『源氏』の「鈴虫」だが、鈴虫になった（?）女の話である。

80 この歌で、森の虫たちが楽器をもって集まってというところは、普通の鳴く虫の「音楽」ではサンバは踊れないと言っているようにも思われる。打楽器系統の音を出す虫は少ない。

ニコラス・ド・ブランの銅版画《花、トンボ、鳥》1594年

おやすみなさい読者諸君、ぐっすり眠って良い夢を
（J. J. グランヴィル『動物の私的・公的生活』より、1842 年）

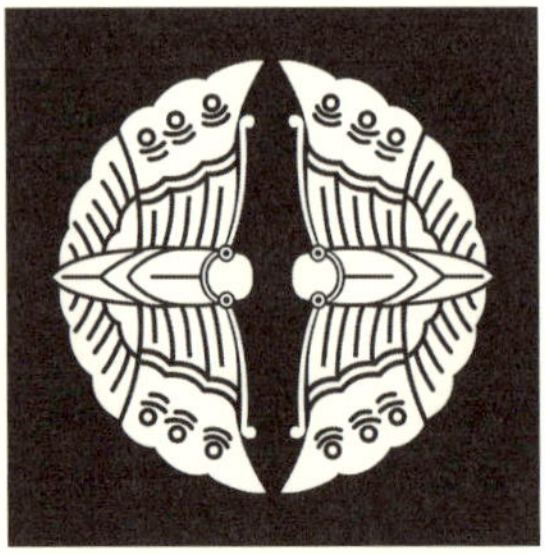

対い蝶（むかいちょう）

揚羽蝶（あげはちょう）

三つ飛び蝶（みつとびちょう）

浮線蝶（ふせんちょう）

丸に対い蜻蛉（まるにむかいとんぼ）

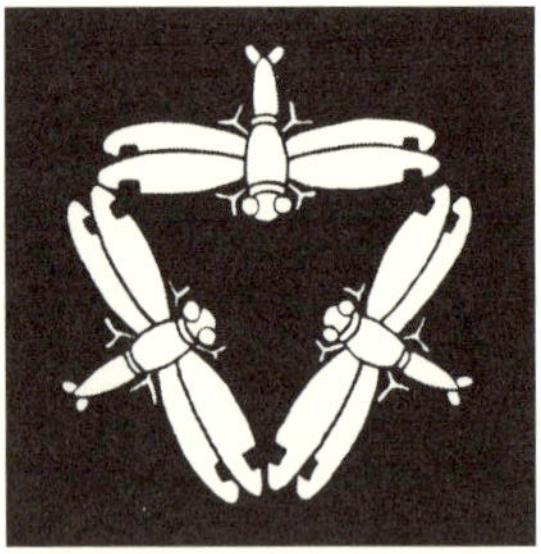

三つ蜻蛉（みつとんぼ）

蝶と蜻蛉の家紋

蝶紋は平家の紋として知られ、戦国武将の織田信長もこれをつけた。江戸時代には約300家の大名・旗本が蝶紋を用い、図柄のヴァリエーションは70種類にのぼった。

蜜蜂の紋章をつけたルイ 12 世
（写本『ジェノヴァへの旅』より、1500 年頃、フランス国立図書館）

江戸時代後期に描かれた昆虫の図。右列の上より、チョウトンボ、クマゼミ、アブラゼミ、ニイニイゼミ、カブトムシの雄、タガメ、メスグロヒョウモンの雌、シンジュサン。
(円山応挙『写生帖』〔1776年成立〕より、東京国立博物館蔵)

17世紀のフランドル（現ベルギー）で描かれたトンボ、蛾、蜘蛛、甲虫など。
（ヤン・ファン・ケッセル《昆虫のスケッチ》1653年、アシュモリアン美術館蔵）

ヤン・ファン・ケッセル（1626-79年）は、アントワープで活躍した画家で、動物、昆虫、植物などの自然界の生き物を描くことを得意とした。

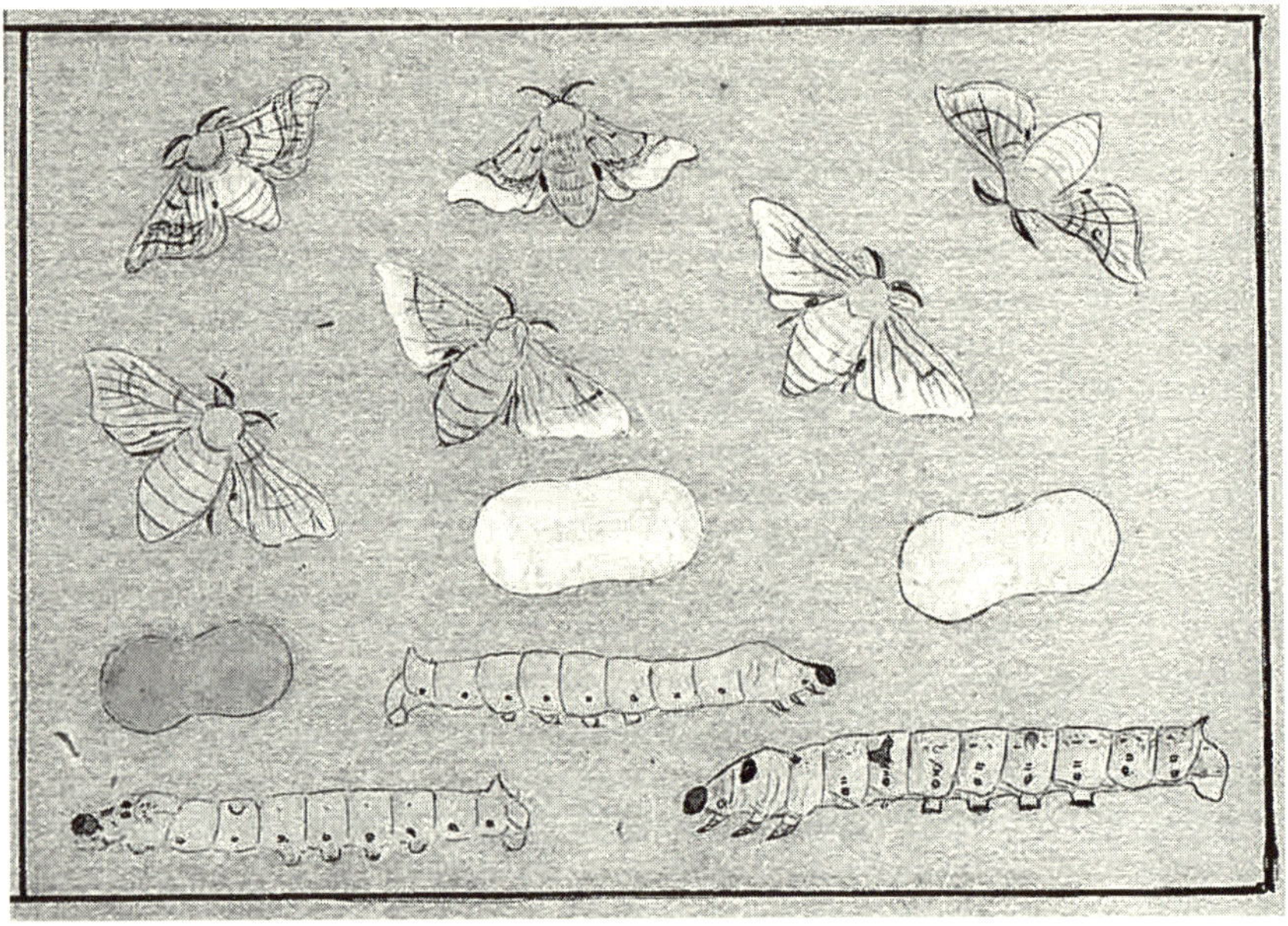

江戸時代後期に描かれた蚕の図
（水谷豊文『虫豸写真』より、国立国会図書館蔵）

『虫豸（ちゅうち）写真』は昆虫の彩色写生図帳。作者の水谷豊文（1779-1833）は尾張藩士で、京都の小野蘭山に本草学を学び、本草学の研究会「嘗百社（しょうひゃくしゃ）」を結成・主宰して、すぐれた弟子を育てた。

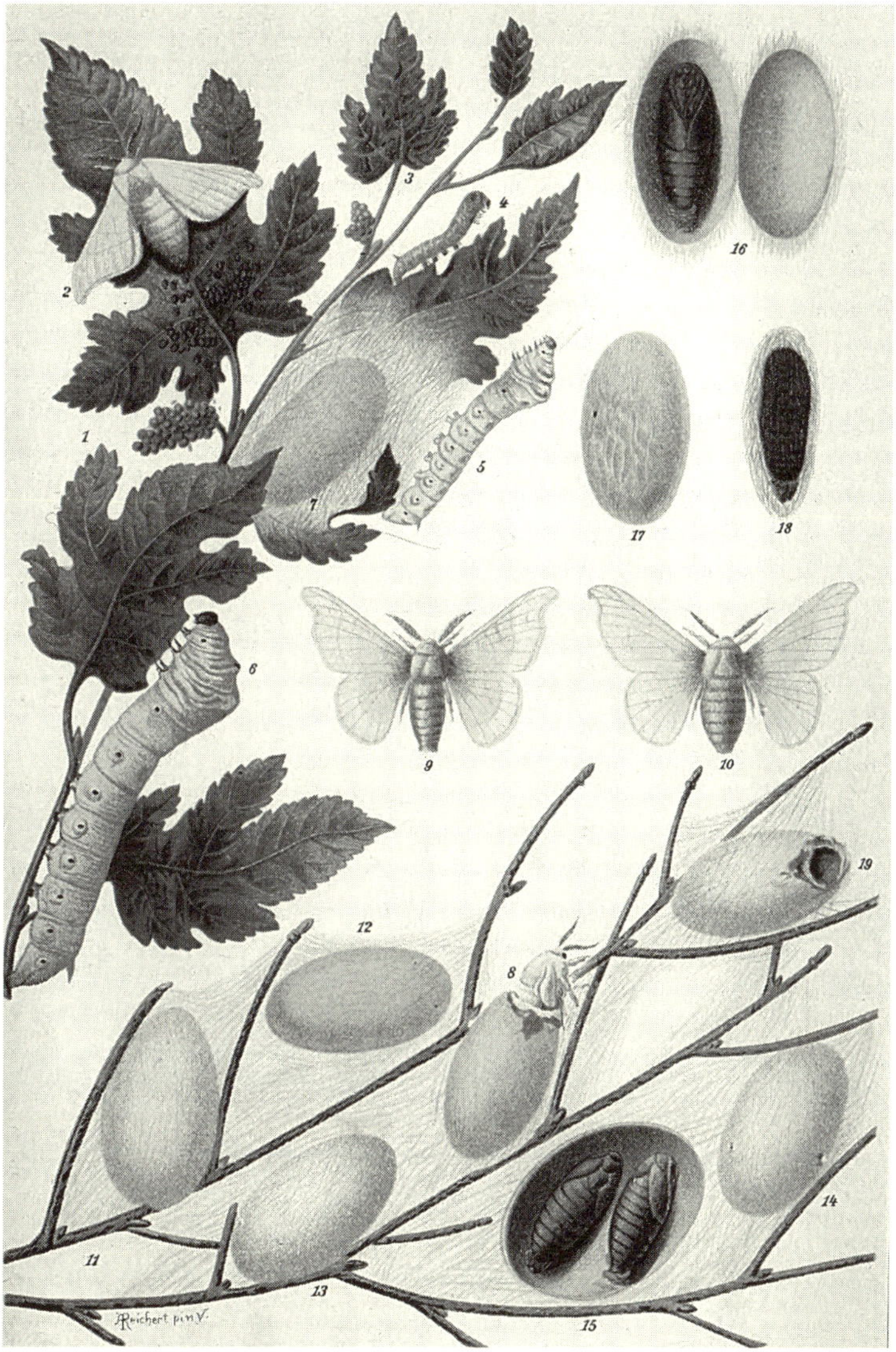

19 世紀末にドイツで出版された『ブロークハウスの百科事典』（1892 年）より、蚕の変態を示す図

円山応挙《百蝶図》（部分）1775 年

円山応挙は江戸時代中期〜後期の絵師。近現代の京都画壇にまでその系統が続く「円山派」の祖であり、写生を重視した親しみやすい画風が特色である。

オディロン・ルドン《蝶》1910 年頃、ニューヨーク近代美術館蔵

フランスの画家オディロン・ルドン（1840-1916 年）は印象派の画家たちと同世代でありながら、幻想的な内面世界に目を向け、象徴主義とも呼ばれる特異な画業で知られる。

アルトゥー・ハイアー
《白猫と二羽の黄色い蝶》
20 世紀初頃

著者紹介

篠田知和基（しのだ ちわき）

1943年東京生まれ。パリ第8大学文学博士。名古屋大学教授ほかを歴任。比較神話学研究組織GRMC主宰。

著書：『幻影の城－ネルヴァルの世界』（思潮社）、『ネルヴァルの生涯と作品－失われた祝祭』（牧神社）、『土手の大浪－百閒の怪異』（コーベブックス）、『人狼変身譚』（大修館書店）、『竜蛇神と機織姫』（人文書院）、『日本文化の基本形○△□』『世界神話伝説大事典』〔共編〕『世界神話入門』（勉誠出版）、『空と海の神話学』『魔女と鬼神の神話学』『光と闇の神話学』（楽瑯書院）、『世界動物神話』『世界植物神話』『世界鳥類神話』『愛の神話学』『ヨーロッパの形－螺旋の文化史』（八坂書房）、ほか多数。

訳書：ジョルジュ・サンド『フランス田園伝説集』（岩波文庫）、ジャン・レー『新カンタベリー物語』（創元推理文庫）、ジェラール・ド・ネルヴァル『東方の旅』（国書刊行会）、ジェラール・ド・ネルヴァル『オーレリア』『火の娘たち』『ローレライ』（思潮社）、ほか多数。

世界昆虫神話

2018年 5月25日　初版第1刷発行
2018年 7月25日　初版第2刷発行

著　者　篠田知和基
発行者　八坂立人
印刷・製本　シナノ書籍印刷(株)

発行所　(株)八坂書房
〒101-0064 東京都千代田区神田猿楽町 1-4-11
TEL.03-3293-7975 FAX.03-3293-7977
URL: http://www.yasakashobo.co.jp

ISBN 978-4-89694-250-7